Erich Brandenburg
Die Ursachen des Ersten Weltkriegs

edition militaris

ISBN: 978-3-96389-015-4
Druck: edition militaris, 2018
Die edition militaris ist ein Imprint der Diplomica Verlag GmbH.

© edition militaris, 2018
http://www.diplomica-verlag.de
Printed in Germany
Alle Rechte vorbehalten.
Die edition militaris übernimmt keine juristische Verantwortung oder irgendeine Haftung für evtl. fehlerhafte Angaben und deren Folgen.
Der Inhalt ist im historischen Kontext zu lesen.

Erich Brandenburg

Die Ursachen des Ersten Weltkriegs

VORWORT

ALS der erste Deutsche Historikertag nach dem Kriege in Frankfurt a. M. zusammentreten sollte, trat der vorbereitende Ausschuß an mich mit dem Wunsche heran, dort über die Ursachen des Weltkrieges zu sprechen. Ich erklärte mich dazu bereit, obwohl ich mir der großen Schwierigkeit bewußt war, ein so großes und weitverzweigtes Problem im Rahmen eines einzelnen Vortrages zu behandeln. Auf vielfachen Wunsch lasse ich diesen Vortrag jetzt auch im Druck erscheinen. Ich habe dabei die Form des Ganzen und den Gedankengang der mündlichen Ausführungen beibehalten, aber mancherlei Ergänzungen hinzugefügt, auf die damals wegen der Kürze der zur Verfügung stehenden Zeit verzichtet werden mußte. Für die Begründung meiner hier nur kurz skizzierten Anschauungen darf ich die Leser dieser Zeilen auf mein kürzlich erschienenes Buch „Von Bismarck zum Weltkriege" hinweisen; die später erschienenen Veröffentlichungen von Akten und Aufzeichnungen aller Art haben zwar noch manche Bereicherung unserer Kenntnis im einzelnen gebracht, aber keine wesentliche Änderung des Gesamtbildes nötig gemacht, das ich von der deutschen Politik dieser Jahrzehnte gegeben habe.

Möge diese kleine Schrift mit dazu beitragen, wenigstens in unseren eigenen Reihen die Überzeugung zu festigen, daß Deutschland diesen furchtbaren Krieg nicht heraufbeschworen hat, sondern sehr gegen den Wunsch nicht nur der großen Mehrheit seines Volkes, sondern auch seiner damaligen Regierung in ihn hineingerissen worden ist.

Erich Brandenburg

DIE erste Tagung deutscher Historiker, die nach dem Weltkriege stattfindet, kann unmöglich stillschweigend an dem großen historischen Ereignis vorübergehen, das für unser Volk eine ebenso traurige Bedeutung gewonnen hat, wie vor drei Jahrhunderten der 3ojährige Krieg. Gerade wir deutschen Historiker müssen versuchen, uns über die Frage klar zu werden, wie es zu dieser Katastrophe gekommen ist, so schwierig es auch sein mag, ein Ereignis, das uns zeitlich so nahe liegt und uns persönlich so tief berührt, mit demjenigen Grade von Objektivität zu betrachten, der für die geschichtliche Forschung nun einmal unentbehrlich ist.

Die Erörterungen der letzten Monate über die sogenannte Schuldfrage haben das Problem, mit dem wir uns hier beschäftigen wollen, auch in den Mittelpunkt der öffentlichen Diskussion und der politischen Verhandlungen gerückt. Es ist ja zweifellos, daß jede Untersuchung der geschichtlichen Ursachen eines großen Ereignisses auch die Frage der persönlichen Verantwortlichkeit einzelner leitender Männer oder einflußreicher Volkskreise mit in Betracht ziehen muß. Daher spielt in der Entstehungsgeschichte aller großen

Kriege die Frage nach der Schuld einzelner eine große Rolle. Ich brauche nur an die langwierigen literarischen Kämpfe über den Ausbruch des Siebenjährigen Krieges, der großen Revolutionskriege am Ende des 18. Jahrhunderts oder des Deutsch-Französischen Krieges von 1870 zu erinnern. Begrifflich kann man freilich Schuldfrage und Ursachenfrage vollständig auseinanderhalten; aber praktisch geht die Erörterung der einen notwendig in die der anderen über. Im Grunde ist es ja doch die gleiche Frage, nur daß sie einmal von der ethisch-politischen, einmal von der genetisch-historischen Einstellung aus behandelt wird. Denn die geschichtlichen Ereignisse vollziehen sich ja nur durch das Wollen und Handeln von Menschen, deren Motive und Ziele nicht nur einer psychologischen Erklärung, sondern stets auch, bewußt oder unbewußt einer moralischen und politischen Beurteilung unterliegen. Letztere wird sich naturgemäß um so stärker in den Vordergrund drängen, je tiefer das Ereignis mit seinen Folgen noch in das gegenwärtige Leben eingreift. Wir müssen hier jedoch versuchen, solche Urteile und Rücksichten möglichst in den Hintergrund treten zu lassen. Uns kann es hier nur darauf ankommen, die Wahrheit über die Entstehung des Krieges zu sagen, so gut wir sie verstehen und soweit sie uns nach dem Umfang des zur Verfügung stehenden Quellenmaterials mit den Mitteln historischer Forschung erreichbar ist.

*

Als die Frage nach der Entstehung des Weltkrieges die Öffentlichkeit zu beschäftigen begann, herrschte zuerst die naive Vorstellung, daß derjenige, der den Krieg formell erklärt habe, auch dessen Urheber sein müsse. Dann glaubte man die Frage durch eine möglichst genaue Durchforschung der letzten Tage vor den Kriegserklärungen lösen zu können, zumal da für diese Zeit allein erhebliches Material, wenn auch zum Teil von recht bedenklichem Wert, vorhanden war. Aber sehr bald hat man eingesehen, was dem Historiker von Anfang an als selbstverständlich erscheinen mußte, daß solche Erörterungen niemals zu einer wirklichen Lösung des Problems führen würden. Alle großen historischen Ereignisse haben weit in die Vergangenheit zurückreichende Ursachenreihen und können ohne deren Kenntnis überhaupt nicht richtig verstanden und gewürdigt werden. Es wird daher zunächst notwendig sein, das allmähliche Werden der gespannten und gefahrvollen Lage, aus der heraus der Krieg entstand und allein entstehen konnte, zu verfolgen.

Oft genug kann man folgende Argumentation hören: Wie die Dinge lagen, mußte es über kurz oder lang zum Kriege kommen; wäre er diesmal vermieden worden, so wäre er bei der nächsten Gelegenheit doch ausgebrochen. Er war das notwendige Ergebnis der vorangegangenen Jahrzehnte. Wer das behauptet, muß die sachlichen Gegensätze zwischen den beteiligten Staaten für so unversöhnlich ansehen, daß sie nur durch die Entscheidung der Waffen hätten ausgetragen werden können. Er muß zu der Folgerung gelangen, daß die persönlichen Eigenschaften und Ziele der leitenden Persönlichkeiten völlig gleichgültig gewesen seien. Selbst wenn an der Spitze aller Staaten ebenso kluge und geschickte, wie friedliebende und gewissenhafte Staatsmänner gestanden hätten, wäre nach dieser Ansicht der Zusammenstoß unvermeidlich gewesen, weil die Natur der Gegensätze einen friedlichen Ausgleich nicht zuließ. Verhielt es sich aber wirklich so? Welches waren die Gegensätze, um die es sich handelte?

Wie stets, kreuzten sich auch hier die aus dem Machtkampf der führenden Staaten hervorgehenden politisch-wirtschaftlichen Spannungen mit solchen Motiven, die in der Verschiedenheit der politischen Ideale und Strukturen der beteiligten Völker ihre Quelle hatten. Betrachten wir beide Reihen gesondert.

*

In jedem System geographisch und wirtschaftlich eng miteinander verbundener und darum ein gemeinsames geschichtliches Leben führender Staaten herrscht ein ausgesprochener oder verborgener Kampf um die Hegemonie. Seit das europäische Staatensystem sich gebildet hat, d. h. seit etwa dem Anfang des 18. Jahrhunderts, bestand auch hier unter den mächtigeren Staaten ein solcher Streit um ihre relative Geltung innerhalb des Ganzen. In den Kämpfen gegen die Hegemonie Frankreichs in der Zeit Ludwigs XIV. wurde das Wort vom „Europäischen Gleichgewicht" geprägt, das zwischen den Großmächten herrschen solle. In Wirklichkeit war ein solches Gleichgewicht freilich nie vorhanden, oder wurde doch, wenn es für den Augenblick einmal aufgerichtet schien, immer wieder gestört durch Machtvergrößerungen dieses oder jenes Staates, die sofort das Verlangen nach Kompensationen bei den anderen auftauchen ließen. Nach der großen Störung durch die Eroberungszüge Napoleons I. wurde es durch die Verhandlungen des Wiener Kongresses scheinbar wieder hergestellt, und zugleich wurde die ganze Rechtslage Europas unter die internationale Garantie der damaligen fünf Großmächte gestellt. Aber das neue, bedrohliche Anwachsen der französischen Macht im ersten Jahrzehnt Napoleons III., dann das Emporsteigen Italiens zur Stellung einer Großmacht und namentlich die Entstehung des Deutschen Reiches unter Preußens Führung, brachten neue wichtige Verschiebungen mit sich. Das neue Deutsche Reich schien durch seine militärische und wirtschaftliche Kraft unter der Leitung eines großen Staatsmannes zu einer Art führenden Stellung in Europa gelangen zu sollen. Alle die Antipathien, die dem Mächtigsten stets entgegengebracht werden und die sich früher gegen Frankreich gerichtet hatten, wandten sich nun allmählich gegen Deutschland. Am stärksten natürlich in Frankreich selbst, wo man die Hegemonie in Europa als ein historisches Recht des eigenen Volkes betrachtete. Es war nicht etwa nur der Verlust der Deutschland in früheren Zeiten geraubten Grenzlande Elsaß und Lothringen, was die Revanchestimmung in Frankreich erzeugte und lebendig erhielt, sondern ebensosehr und vielleicht noch mehr der Verlust dieser Vormachtstellung und ihr Übergang an Deutschland. Wenn diese Stimmung auch zeitweise an Kraft zu verlieren, ja fast ganz zu erlöschen schien, so blieb sie doch in Wahrheit immer als verborgene Unterströmung bestehen, und jede französische Regierung konnte sicher sein, daß sie an diese Gefühle nicht vergebens appellieren werde, wenn sie den Augenblick dazu für gekommen hielt. Diese bald stärker bald schwächer hervortretende deutsch-französische Spannung bildete die stärkste Gefahrenquelle für die europäische Politik seit dem Kriege von 1870.

Ebenso gefährlich war der Gegensatz zwischen Rußland und Österreich, der zu einem großen Teil in dem Streben der slavischen Großmacht nach der Herrschaft über den Bosporus und die Dardanellen und nach der Vormachtstellung auf der Balkanhalbinsel seine Wurzeln hatte. Der Kaiserstaat an der Donau wollte sich den Weg ans Ägäische Meer nicht vollständig abschneiden, sich nicht vollständig von Rußland und seinen Vasallenstaaten umklammern lassen. Von anderen, noch tiefer liegenden Ursachen dieser Feindschaft wird später in anderem Zusammenhange zu sprechen sein. Schon während des Russisch-Türkischen Krieges von 1877/78 und des Berliner Kongresses war diese Gegnerschaft scharf hervorgetreten, und Rußland hatte es bitter empfunden, daß Österreich damals die Hand auf Bosnien legte, eine Zeitlang Serbien vollständig in sein Schlepptau nahm und Rumänien eng an den Dreibund heranzog. Auch hier lagen schon seit Jahrzehnten schwere Konflikte im Bereich der Möglichkeit.

Aber die gewaltige Entwicklung des Weltverkehrs und der Weltwirtschaft in den letzten Jahrzehnten brachte es mit sich, daß bald noch andere Gegensätze in das europäische Staatensystem hineingriffen und es schließlich aus seiner Isolierung vollständig herausrissen. Seit dem Zeitalter der Entdeckungen hatten einzelne europäische Mächte Kolonien in fremden Weltteilen erworben, und die Rücksicht auf die **Erhaltung und Vergrößerung ihrer Kolonialreiche** hatte bereits in früheren Jahrhunderten ihre Gesamtpolitik beeinflußt. Aber in früheren Zeiten waren das nur Rücksichten und Interessen zweiten Ranges gewesen; im Vordergrund hatte für die Orientierung der Gesamtpolitik dieser Staaten doch immer ihr europäisches Interesse gestanden. Denn in Europa lag der Kern ihrer Macht und die auswärtigen Besitzungen waren dienende Provinzen des Mutterlandes. Dies wurde im Laufe des 19. Jahrhunderts anders. Das britische Weltreich dehnte sich über einen großen Teil der Erde aus; es besaß in Indien ein Gebiet, das an Ausdehnung und Bevölkerungszahl, in Nordamerika und Australien Kolonien, die wenigstens an Flächenraum das Mutterland weit übertrafen. Die Behauptung und Konsolidierung des Weltreichs wurde mehr und mehr zum obersten Ziel der englischen Politik, und immer stärker traten gegen Ende des 19. Jahrhunderts Strömungen hervor, die das Mutterland nur als einen gleichberechtigten Teil innerhalb des großen Weltreiches aufgefaßt sehen wollten. Aber nicht nur England war auf diese Art sozusagen aus Europa hinausgewachsen, sondern ebenso Rußland, das durch die Eroberung Sibiriens und Zentralasiens ein gewaltiges zusammenhängendes Reich geschaffen hatte, dessen Interessen ebenso stark in Asien wie in Europa lagen. Diese beiden Mächte stießen namentlich in Asien mehrfach heftig aufeinander und der russisch-englische Gegensatz bildete lange Zeit einen der feststehenden Faktoren der internationalen Politik. Auch Frankreich begann sich seit 1881 ein großes Kolonialreich zu schaffen; Deutschland und Italien folgten in sehr bescheidenem Maßstabe nach.

Das immer stärkere Hinübergreifen der europäischen Mächte in die fremden Weltteile löste hier jedoch naturgemäß Gegenbewegungen aus, deren Träger die stärksten und selbstbewußtesten Staaten dieser Erdteile wurden. In Ostasien war es Japan, das sich zu einer den europäischen Großmächten militärisch und wirtschaftlich gewachsenen Macht emporhob; in Amerika wurden die Vereinigten Staaten immer stärker zum Vorkämpfer jener Richtung, die alle europäischen Einflüsse von der westlichen Halbinsel fernhalten wollte, und sie erstreckten zugleich ihren Einfluß nach der Südsee und Ostasien, wo sie mit den europäischen Kolonialmächten und mit Japan zusammenstießen. Seit dem Ende des 19. Jahrhunderts gab es ein Weltstaatensystem, in dem neben den stärksten der alten europäischen

Großmächte die Vereinigten Staaten und Japan ihren Platz gefunden hatten. Die weltpolitischen Gegensätze wurden in immer höherem Grade bestimmend auch für die europäische Politik. Unter diesen waren die Rivalität zwischen England und Rußland in Asien, zwischen England und Frankreich in Ägypten, Zentralafrika, Ostasien und der Südsee, und das seit dem Ende des 19. Jahrhunderts drohende Zusammenprallen Rußlands und Japans im Norden des chinesischen Reiches die schärfsten und gefährlichsten.

Dabei wurden die Reibungsflächen zwischen den an dieser Expansionsbewegung beteiligten Mächten immer zahlreicher, je stärker der noch für Kolonisationen und Besitzergreifungen zur Verfügung stehende Teil der Erdoberfläche zusammenschmolz. Um 1910 war die ganze bewohnbare Fläche der östlichen Halbkugel, soweit es möglich schien, aufgeteilt. Nur wenige Staaten waren noch selbständig. In Afrika Abessynien, während Marokko schon halb von den Franzosen verschlungen war; in Asien China, das weniger durch seine militärische Widerstandskraft als durch die Größe der Räume und die Masse der Bevölkerung einer politischen Aufteilung entgangen war, aber auch bereits in wirtschaftliche Interessenphären zerlegt zu werden begann. Endlich an der wichtigen Stelle, wo Europa und Asien zusammenstoßen, die Türkei. Früher hatte die Vergrößerung einer Macht von den übrigen dadurch kompensiert werden können, daß sie sich selbst auf Kosten der noch unbesetzten Gebiete ebenfalls vergrößerten.

Seitdem das nicht mehr möglich war, weil solcher Landraum nicht mehr zur Verfügung stand, wurde die Eifersucht größer, die Reibungen häufiger und stärker; das Ventil war geschlossen, das den Dämpfen bisher Abzug gewährt hatte.

Aber dies war nicht die einzige Wandlung, welche die politischen Gegensätze der Mächte in den letzten Jahrzehnten erfahren hatten. Mit fast erdrückender Wucht waren neben die Kämpfe um die politische Macht, um das Prestige, die Gegensätze der wirtschaftlichen Interessen getreten. Natürlich waren auch diese stets vorhanden gewesen, und schon im 17. und 18. Jahrhundert wußten die Staatsmänner, daß die Entwicklung und Vergrößerung der wirtschaftlichen Kräfte ihrer Länder den sichersten Unterbau für deren politische Machtstellung bilde. Aber daneben standen persönliche, dynastische oder nationale Gesichtspunkte, so daß die wirtschaftlichen Motive immer nur einen Teil des gesamten Motivenkomplexes ausmachten, von dem die Staatsmänner sich leiten ließen. Die gewaltige Entwicklung der Großindustrie im 19. Jahrhundert hat sie viel stärker in den Vordergrund geschoben. Der Kampf um die Kolonien wurde jetzt zu einem sehr wesentlichen Teil zu einem Kampf um sichere Absatzgebiete für die Erzeugnisse der heimischen Industrie und um die Beherrschung solcher Landstrecken, welche die für die Großindustrie nötigen Rohprodukte und die für die Industrieländer nötigen Lebensmittel erzeugten. Die großen Weltreiche strebten danach, sich auch zu selbständigen, möglichst geschlossenen und sich selbst genügenden Wirtschaftskörpern auszugestalten. Jedermann weiß, daß die Existenz des englischen Weltreiches wirtschaftlich darauf beruht, daß England in den beherrschten Gebieten einen sicheren Absatzmarkt für seine Industriewaren hat, während ihm die Kolonien die zur Ernährung seiner Bevölkerung nötigen Rohprodukte liefern, auf die England vollständig angewiesen ist, seit es seine eigene Landwirtschaft zugunsten der Industrie hat verkümmern lassen. Auch sein Streben nach Beherrschung der Weltmeere beruht sehr wesentlich auf der Notwendigkeit, die Verbindung und den Austausch mit den entfernten Reichsteilen gegen jede Beeinträchtigung von außen sicherzustellen, da die Durchschneidung dieser Fäden die Existenzmöglichkeit des Inselreiches ernstlich bedrohen würde.

Unter den Gegensätzen, die auf wirtschaftliche Konkurrenz zurückgingen, wurde allmählich derjenige zwischen England und Deutschland der schärfste. Das mächtige Emporblühen von Deutschlands Handel und Industrie erregte in England, das auf beiden Gebieten bisher die unbestrittene Führung gehabt hatte, ein Gefühl des Unbehagens und des Neides. Man war hier im scheinbar gesicherten Besitz einer unerschütterlichen wirtschaftlichen Stellung bereits bequemer und behäbiger geworden, und sah sich nun durch die Erfolge des seine Arbeitskraft bis zum äußersten anspannenden Konkurrenten gezwungen, selbst wieder alle Kräfte einzusetzen. Und doch schien es ungewiß, ob man ihm gegenüber den ersten Platz dauernd werde behaupten können.

Die steigende Rivalität zwischen den Weltmächten, die auf so verschiedenen Ursachen beruhte, drückte sich wirtschaftlich in der Einführung von Schutzzöllen oder, wo es hierzu nicht kam, in anderen Methoden der Benachteiligung fremder Konkurrenten innerhalb des eigenen Staatsgebietes aus. Man hat in dieser Erscheinung mit Recht ein Wiedererwachen der älteren merkantilistischen Tendenzen des 17. und 18. Jahrhunderts auf wesentlich verbreiterter Grundlage gesehen. In militärischer Beziehung aber äußerte sie sich in einer beständigen **Vermehrung der Heere und Flotten**, da jeder Staat für den Fall eines Konfliktes möglichst stark gerüstet sein wollte. Wenn aber der eine seine Rüstung verstärkte, so hielt der andere es für notwendig, es ihm gleich zu tun, oder ihn womöglich zu überbieten, damit die Furcht vor einem ungleichen Kampfe jenen vom Bruche des Friedens abhalte. Jeder behauptete von sich, daß er nur zur Verteidigung rüste, und von den anderen, daß sie rüsteten, um ihn anzugreifen, sobald sie sich stark genug fühlten. Alle Versuche, durch ein gegenseitiges bindendes Übereinkommen dieses Rüstungsfieber einzuschränken, waren vergeblich. Im Grunde war wohl keine der Mächte bereit, auf einen solchen Vertrag einzugehen; aber Deutschland beging den Fehler, dies offen zu sagen, während die übrigen geschickt genug waren, einer bestimmten Erklärung auszuweichen, bis sie die Möglichkeit hatten, das Odium der Ablehnung auf Deutschland abzuwälzen.

Aber das Drohende und Beängstigende der Gesamtlage hatte seinen Grund nicht nur in dem Vorhandensein und der Stärke aller dieser Spannungen. Vielmehr hatte unter ihrem Druck die Rivalität der Weltmächte zu Anfang des 20. Jahrhunderts eine ganz besonders gefährliche Form angenommen. Seit Bismarck den Dreibund gegründet hatte, der unter Deutschlands leitendem Einfluß stand, war die Überlegenheit dieses Blocks der Mittelmächte gegenüber den vereinzelten und zum Teil unter sich verfeindeten übrigen Mächten in allen europäischen Fragen immer wieder zur Erscheinung gekommen, zumal da Bismarck es verstand, sowohl mit England wie mit Rußland gute Beziehungen aufrecht zu erhalten. In Frankreich, wo man die dadurch bewirkte Isolierung sehr peinlich empfand, suchte man schon längst nähere Beziehungen zu Rußland zu gewinnen; aber erst nach Bismarcks Sturz und nachdem Caprivi durch die Nichterneuerung des Rückversicherungsvertrages das bestehende Band zwischen Deutschland und Rußland zerrissen hatte, gelang es den Franzosen, den an sich dem Bündnis mit der Republik nicht sehr geneigten Zaren Alexander III. zum Abschluß des russisch-französischen Zweibundes zu bestimmen. Seitdem zerfiel das europäische Festland in zwei Lager, die einander feindselig und mißtrauisch gegenüberstanden. Aber diese beiden Bündnisse verdankten ihren Ursprung noch der Zeit, wo die europäischen Gegensätze allein bestimmend waren; England und die außereuropäischen Weltmächte standen noch außerhalb.

Erst der Anschluß Englands an den russisch-französischen Zweibund hat die Teilung der europäischen Welt in zwei feindliche Lager vollendet. Die Entstehung der Entente ist das wichtigste Glied in der Kette der Ereignisse, die zum Weltkrieg geführt haben. Wie ist es dazu gekommen?

Großbritannien fand sich um die Wende des 19. und 20. Jahrhunderts in einer Lage, die es seinen leitenden Männern nicht ratsam scheinen ließ, in der Isolierung, die man bisher absichtlich bewahrt hatte, zu verharren. Der Gegensatz gegen Frankreich in Afrika, der Burenkrieg, der viel stärkere Kräfte in Anspruch nahm, als man anfangs geglaubt hatte, die Interessenkonflikte mit Rußland in Ostasien und Persien, dazu noch Reibungen mit den Vereinigten Staaten in amerikanischen Dingen machen zusammen mit den inneren Fragen der Organisation des Weltreiches die Unruhe begreiflich, mit der die englischen Staatsmänner damals die Lage ihres Reiches ansahen. Aus dieser Situation sind die Bündnisangebote Englands an Deutschland in den Jahren 1898 und 1901 entstanden, die von dem geistig bedeutendsten Mitgliede des damaligen englischen Kabinetts, dem Kolonialminister Joseph Chamberlain ausgingen. Der Grundgedanke war dabei, daß es für England billiger und vorteilhafter sein würde, sich mit Deutschland zu verbünden, mit dem man nirgends tiefgehende weltpolitische Differenzen hatte, als mit Frankreich und Rußland, denen man in Afrika und Asien Konzessionen machen mußte, um ihr Bündnis zu erlangen. Die Verhandlungen darüber sind schließlich gescheitert. Man hegte in Berlin ein unüberwindliches Mißtrauen gegen die englische Politik, von der man glaubte, daß sie nur darauf ausgehe, Deutschland für die englischen Interessen in Ostasien gegen Rußland ins Feuer zu jagen. Den Hinweis Chamberlains, daß er im Fall der Ablehnung Deutschlands mit dessen Gegnern in Verhandlung werde treten müssen, hielt man für eine leere Drohung, da ein Vergleich mit Frankreich und Rußland England zu große Opfer kosten werde. Trotzdem hätte man wohl schließlich das Bündnis angenommen, wenn man nicht befürchtet hätte, daß es in dem wahrscheinlichsten Kriegsfalle nutzlos sein werde: wenn nämlich infolge eines Interessenkonfliktes auf dem Balkan Rußland an Österreich den Krieg erkläre, wir infolge unserer Bundespflichten dann die Waffen gegen Rußland ergreifen müßten und Frankreich wiederum als Rußlands Bundesgenosse gegen uns ins Feld ziehe. Denn da das Bündnis nur wirksam werden sollte, wenn eine der beiden verbündeten Mächte von zwei anderen Großmächten angegriffen werde, so hätte England in diesem Falle sagen können, Deutschland sei gar nicht angegriffen worden, sondern habe selbst, wenn auch in Erfüllung anderweitiger Bündnispflichten, an Rußland den Krieg erklärt, und deshalb liege der Bündnisfall für England nicht vor. Man glaubte daher fordern zu müssen, daß England das Bündnis nicht nur mit Deutschland, sondern mit dem Dreibund abschließe, damit auch die Orientinteressen Österreichs dadurch mit gedeckt seien. Hierzu aber wollten sich die Leiter der britischen Politik nicht verstehen, weil sie der Donaumonarchie keine lange Lebensdauer mehr zutrauten und sich in dieser Weise nicht von vornherein in bezug auf die Balkanfragen festlegen wollten. An dieser Forderung Deutschlands und ihrer Nichtannahme durch England ist das Bündnis gescheitert. Wir werden heute sagen dürfen, daß die Politik, die man damals unter dem Einfluß des Barons von Holstein in Berlin verfolgte, kurzsichtig und unklug war, daß ein Bündnis der stärksten Seemacht und der stärksten Landmacht aller Wahrscheinlichkeit nach eine Garantie des Weltfriedens auf Jahrzehnte hinaus geboten haben würde, ja daß es schon durch sein bloßes Bestehen jede gegnerische Koalition von der Ergreifung der Waffen abgehalten haben würde. Und selbst wenn England im Falle eines europäischen Zweifrontenkrieges seine aktive Hilfe versagt hätte, würde es doch in einer neutralen Stellung haben verharren müssen; das wäre aber, wie der Verlauf des Weltkrieges gezeigt hat, vollkommen ausreichend gewesen, um uns den Sieg gegenüber dem Zweibunde zu sichern. Eine Abschneidung vom Weltverkehr, von der Versorgung mit Lebensmitteln und Kriegsmaterial durch die neutralen Staaten wäre dann vollständig unmöglich gewesen.

Nach dem Scheitern dieser Verhandlungen näherte sich England dem gegnerischen Verbande. In Frankreich brachte man das Opfer, auf einen Teil der afrikanischen Interessen namentlich in Ägypten zu verzichten, um die Verständigung mit England möglich zu machen. Der Abschluß der Abgrenzungsverträge der beiderseitigen Interessensphären in Afrika, Südasien und der Südsee im Jahre 1904 bildete die Grundlage der englisch-französischen Entente. Sie wurde gefestigt durch die Versuche Deutschlands, die Festsetzung Frankreichs in Marokko zu verhindern, das durch jene Verträge der französischen Interessensphäre zugewiesen war. England sah sich daher genötigt, für Frankreich einzutreten, wodurch die deutsch-englischen Beziehungen zeitweise einen fast feindlichen Charakter erhielten.

Erst durch Vermittlung Frankreichs wurde dann auch Rußland an die Entente herangezogen. Die Möglichkeit dazu war erst gegeben, nachdem Rußland in Ostasien seine schwere Niederlage durch Japan erlitten hatte. Es mußte sich jetzt dazu entschließen, seine bisherige Ausdehnungspolitik im fernen Osten ganz aufzugeben oder wenigstens in engere Grenzen einzuschließen; erst dadurch wurde die Verbindung mit England möglich. Der Vertrag von 1907 über Persien, Afghanistan und Tibet schuf auch in Asien eine bestimmte Abgrenzung der Interessensphären zwischen Rußland und England. Allerdings blieb noch lange ein starkes Mißtrauen sowohl in Petersburg wie in London bestehen, und die öffentliche Meinung Englands konnte sich noch lange Zeit für das Bündnis mit dem autokratischen Rußland nicht erwärmen; aber die Grundlagen waren auch hier gelegt.

Obwohl die Entente niemals zu einer festen Formulierung der gegenseitigen Bündnispflichten gekommen ist, hat doch die Schaffung einer gemeinsamen Interessengrundlage in den weltpolitischen Fragen genügt, um die Beziehungen so eng werden zu lassen, daß sie auch beim Abschluß eines in Paragraphen gefaßten Bündnisvertrages nicht fester hätten sein können. Die Feststellung gemeinsamer Kriegspläne durch die General- und Admiralstäbe für den Fall eines künftigen Krieges, in dem nach Lage der Dinge nur der Dreibund als Gegner gedacht sein konnte, verlieh diesem Verhältnis noch eine besondere Festigkeit und zeigte deutlich, daß die Spitze des Bundes sich gegen Deutschland und dessen Verbündete richte. Auch Japan, das schon seit 1900 für die ostasiatischen Fragen in einem Bündnis mit England stand, wurde eng an die Entente herangezogen. Von den Weltmächten blieben nur die Vereinigten Staaten diesen Kombinationen fern, weil sie in die Welthändel, die außerhalb des eigentlichen amerikanischen Interessengebietes lagen, nicht verwickelt zu werden wünschten.

Durch die Entstehung der Entente und ihren immer schärfer hervortretenden Gegensatz zum Dreibund waren jetzt alle Großmächte der östlichen Halbkugel in **zwei feindliche Gruppen** gespalten. Jede Frage, die irgendwo in diesen Weltteilen auftauchte, mußte zu einer Kraftprobe zwischen diesen beiden Verbänden werden. Wenn nicht irgendeine vermittelnde Formel gefunden wurde, mit der beide Teile sich zufriedengeben konnten, so hieß es in jedem einzelnen Falle für beide Gruppen: Nachgeben oder Kämpfen. Selbst an sich sehr unbedeutende Fragen konnten und mußten auf diese Art zu Machtproben zwischen beiden Gruppen und zu schweren Gefahren für den Weltfrieden werden. Jede Frage enthielt von Anfang an die Kriegsgefahr als unsichtbaren Kern in sich. Wenn man die Geschichte der bosnischen Krisis in den Jahren 1908 und 1909, der zweiten Marokkokrisis von 1911, des türkisch-italienischen Krieges um Tripolis, der Balkanwirren und Balkankämpfe in den Jahren 1912 und 1913 verfolgt, so wird man immer wieder auf diese Beobachtung zurückgeführt, und es hat in allen diesen Fällen nicht nur des unbedingten Friedenswillens, sondern auch der äußersten Kunst und Vorsicht der leitenden Staatsmänner bedurft, um den Ausbruch eines großen Konfliktes zu verhüten. Die Welt ist in diesen Jahren, ohne es eigentlich zu merken, fast von Monat zu Monat am Rande eines Weltkrieges hingetaumelt. Wenn es gelungen ist, dessen Ausbruch zu verhindern, so gebührt das Verdienst neben den energischen Friedensbemühungen Deutschlands der loyalen Mitarbeit der englischen Politik, die zwar in der Entente ein ihr sehr willkommenes Mittel sah, um die deutsche Macht in Schranken zu halten, aber einen bewaffneten Zusammenstoß, der auch für das Inselreich schwere Nachteile in sich barg, keineswegs wünschte. Den Franzosen wäre es schon damals sehr lieb gewesen, wenn die Balkankonflikte zu einem Zusammenstoß zwischen Österreich und Rußland und damit zum Weltkriege geführt hätten. Aber sie wußten sehr genau, daß man in London den Krieg nicht wünschte, und daß sie nur dann mit Sicherheit auf Englands Hilfe rechnen könnten, wenn eine der Ententemächte vor der Welt als der Angegriffene erschien. Es wollte ihnen aber damals nicht gelingen, der Sache eine solche Wendung zu geben, da Österreich, von Deutschland nach Kräften zurückgehalten, jedes unvorsichtige Eingreifen in die Balkankämpfe vermied.

Die Gegensätze der Weltmächte, durch alte Feindschaften und Antipathien begründet, durch die wirtschaftlichen Gegensätze verschärft, durch die Bildung der beiden feindlichen Bündnisse gefahrdrohend zugespitzt, bildeten also schon ein Jahrzehnt vor dem Weltkriege eine beständige Gefahrenquelle. Aber mußte nun aus dieser Lage der Dinge mit Notwendigkeit ein Krieg hervorgehen? Solche Spannungsverhältnisse hat es stets gegeben; ja man kann sagen, es gibt nicht einen Moment im Leben eines Staatensystems, wo sie nicht vorhanden gewesen sind, wenn sich ihr Druck auch manchmal schwächer, manchmal stärker bemerkbar gemacht hat. Ob sie zum Kriege führen, das hängt doch in letzter Linie von dem Willen und der Stimmung der beteiligten Völker und der Ruhe und Geschicklichkeit der leitenden Staatsmänner ab. So gut es gelungen war, in den verschiedenen Krisen von 1908—1913 durch alle gefährlichen Situationen hindurch den Frieden zu erhalten, so gut wäre es an sich beim Ausbruch des österreichisch-serbischen Konfliktes nach dem Mord von Serajewo auch denkbar gewesen. Wenn es damals gelungen wäre, den Frieden zu erhalten, so wäre es freilich nicht ausgeschlossen, sondern sogar wahrscheinlich gewesen, daß ähnliche Konfliktsfälle sich bald wieder eingestellt hätten, und es hätte dann jedesmal des gleichen guten Willens und der gleichen Einsicht bedurft, um die Gefahr zu beschwören, bis vielleicht eine Veränderung der politischen Gesamtlage oder eine Verschiebung in den inneren Verhältnissen der Großmächte eine Entspannung der Lage oder sogar eine völlige Veränderung der Situation herbeigeführt hätte. Man wird also sagen müssen, so groß die Gefahr auch war, eine Notwendigkeit, daß aus dieser Lage der Weltkrieg hervorgehen müsse, bestand, soweit lediglich die politischen Spannungen der Weltmächte untereinander in Betracht kamen, nicht.

* * *

Wir haben uns nun seit Ranke und Bismarck daran gewöhnt, die großen politischen Verschiebungen im wesentlichen als ein Ergebnis der Machtkämpfe unter den großen Mächten aufzufassen, bei denen jede einzelne lediglich von ihrem eigenen Interesse, d. h. von dem Verlangen nach Behauptung oder Erweiterung ihrer Machtstellung geleitet wird. Wir sind geneigt, Motivierungen für das politische Handeln eines Staates oder eines einzelnen Mannes, die sich auf andere Momente berufen, entweder als unkluge Entgleisungen eines ideologisch eingestellten Denkens oder als fadenscheinige Vorwände zu betrachten, die man mit größerer oder geringerer Geschicklichkeit zur Verhüllung der eigenen Machtinteressen und zur Täuschung des großen Publikums über den wahren Charakter der Kämpfe benutzt. Von diesem Gesichtspunkte aus haben wir stets auch die Behauptung der gegnerischen Mächte betrachtet, daß sie einen Feldzug gegen die Reste der alten autokratischen Regierungsformen in Europa und für die allgemeine Durchsetzung des in Westeuropa und Amerika bereits zur Herrschaft gelangten demokratischen Gedankens geführt hätten. Lediglich als ein solcher Vorwand erschien vielen auch das Schlagwort vom Selbstbestimmungsrecht der Völker, als dessen Feinde sowohl das persönliche Regiment des deutschen Kaisers wie die Unterdrückung der kleineren Nationalitäten Osteuropas durch Deutschland und Österreich-Ungarn hingestellt wurden. Man wird aber doch fragen müssen, ob in dieser Behauptung, so falsch und fadenscheinig sie in dieser für Propagandazwecke zugespitzten Fassung auch ist, nicht doch ein Stück Wahrheit steckt.

Gewiß wird die Politik eines Staates stets dann nach seinen wohlverstandenen Interessen, oder wie man früher sagte, nach dem Prinzip der Staatsraison, geleitet werden, wenn einzelne Männer von starker Sachlichkeit und Hingabe an das Volksganze an der Spitze stehen, die von jeder Gefühlswallung in der Politik persönlich in weitgehendem Maße unabhängig sind. Aber ebenso gewiß müssen die Gefühlsmomente wachsende Bedeutung erlangen, sobald weitere Volkskreise oder sogar die großen Massen der Bevölkerung einen ausschlaggebenden Einfluß in der Politik erhalten. Sie können schließlich so stark werden, daß sie allen Verstandeserwägungen zum Trotz der Politik eines Staates die Wege weisen. Dann können auf gefühlsmäßiger Grundlage ruhende Wertungen sich als beherrschende Ideen der öffentlichen Meinung bemächtigen und zu treibenden Kräften auch für die Staatslenker werden.

Seit der französischen Revolution hatte die **Idee der Volkssouveränität** eine solche Macht gewonnen. Nicht mehr die Wünsche und Interessen der alten regierenden Schichten, der Fürsten, des Adels und der Bureaukratie, sollten maßgebend sein für die äußere und innere Politik, sondern der Wille und die Bedürfnisse der Volksgesamtheit.

Im Laufe des 19. Jahrhunderts waren eine ganze Reihe von Staaten zu einer Regierungsform übergegangen, die den Massen des Volkes in Wahrheit oder scheinbar einen maßgebenden Einfluß auf die Regierung sichern sollte. Die Volksvertretung war hier diejenige Instanz, die über die Zusammensetzung der Regierung und über die grundlegenden Prinzipien der politischen Leitung entschied. So war es am Anfang des 20. Jahrhunderts in England, Frankreich, Italien, Spanien und den kleinen westeuropäischen Ländern. Ganz absolutistische Staaten gab es seit den Revolutionen in Rußland und der Türkei auf europäischem Boden nicht mehr; alle Länder hatten sich zum konstitutionellen Prinzip, zu einer Mitwirkung der Volksvertreter bei der Regierung bekannt. Aber freilich war bei den mittel- und osteuropäischen Staaten die Macht der alten Monarchie eine viel stärkere geblieben als im Westen, wo sie teils abgeschafft, teils in eine untergeordnete Stellung herabgedrückt war. In Deutschland und Österreich-Ungarn, noch mehr aber in Rußland lag die eigentliche Regierungsgewalt nach wie vor in der Hand des Herrschers und der von ihm ernannten Beamten, während das Parlament eigentlich nur eine Kontrollinstanz darstellte und namentlich in der auswärtigen Politik sehr geringen Einfluß besaß.

Die Bewohner der westlichen Länder waren von der Überlegenheit ihres Systems vollkommen überzeugt. Sie sahen in den Verfassungen der übrigen Staaten ein schwächliches Kompromiß zwischen dem demokratischen Grundgedanken, auf dem ihr eigenes Staatsleben beruhte, und dem alten Absolutismus, den sie beseitigt hatten, der aber nach ihrer Ansicht in den nicht parlamentarisch regierten Ländern in verhüllter Form noch weiter bestand. Es ist hier nicht der Ort, über die Richtigkeit dieser Anschauungen zu streiten. Mir scheint es sicher, daß ein Staat wie Deutschland vom Absolutismus schon vor dem Kriege sehr viel weiter entfernt war als die Publizisten des Westens glauben machen wollten und ihre deutschen Anhänger ihnen nachsprachen. Und es scheint mir ebenso sicher, daß die demokratische Grundlage der westlichen Staaten vielfach häufig nur ein täuschender Schein war, hinter dem sich die zum Teil recht skrupellose Regierung kleiner aber mächtiger Interessengruppen verbarg. Aber das ändert nichts an der Tatsache, daß man im Westen von der Vorzüglichkeit und Vorbildlichkeit der eigenen Einrichtungen durchdrungen war und die Verfassungen der übrigen Länder als zurückgeblieben und reformbedürftig ansah. Es soll auch nicht geleugnet werden, daß die größere Verantwortlichkeit des Gesamtministeriums gegenüber dem Parlament wenigstens in einem Lande mit stetigen Parteiverhältnissen, wie es England vor dem Weltkriege war, eine größere Garantie für den vorsichtigen und gleichmäßigen Gang der auswärtigen Politik bietet als eine Regierungsform, bei der alles von den oft unberechenbaren Entschlüssen weniger Persönlichkeiten abhängt. Wenn diese Persönlichkeiten ihrer verantwortungsreichen Aufgabe nicht gewachsen sind, so liegt darin zweifellos eine Gefahr.

War aber dieser Unterschied der Regierungsformen wirklich so scharf, daß Länder von dieser verschiedenen Struktur nicht friedlich in Europa hätten nebeneinander leben können? Er war doch gar nicht zu vergleichen mit dem Gegensatz, der nach 1789 zwischen den alten absoluten Monarchien und dem in

Frankreich bereits zur Herrschaft gelangten Prinzip der Volkssouveränität bestand, oder gar mit der noch tieferen Feindschaft, die heute zwischen dem kommunistischen Staat der russischen Sowjetleute und den auf der Basis des Privateigentums ruhenden übrigen Staaten Europas entstanden ist. Soweit also nur dieser Gegensatz der Staatsformen in Betracht kommt, wird man in der Tat sagen können, daß er unmöglich ein wirkliches Motiv für den Krieg gebildet haben kann, sondern daß er erst nachträglich als ein erwünschtes und wirksames Agitationsmittel von den Staatsmännern der Entente ergriffen, ausgebeutet und dabei vergröbert worden ist. Vermochte man doch so den Kämpfern in den eigenen Reihen das Gefühl zu geben, daß sie nicht nur für die Interessen ihres Staates kämpften, sondern zugleich dafür, daß den armen, verblendeten und geknechteten Bewohnern der feindlichen Staaten endlich auch die Segnungen des vortrefflichen Regierungssystems zugute kämen, unter dem man selber lebe. Auch konnte man durch solche Argumente am besten jenseits des Ozeans in der großen Demokratie der Vereinigten Staaten Stimmung für die Sache der Entente machen. Recht sonderbar wirkte dabei natürlich, daß auch Rußland zu den Vorkämpfern dieser Gedanken gehören sollte, das doch zweifellos unter allen europäischen Staaten am stärksten die alte autokratische Regierungsform bewahrt hatte. Der Umstand, daß nach dem Kriege die demokratischen Gedanken in der Form, wie sie im Westen schon früher zur Herrschaft gekommen waren, auch die Verfassungen der besiegten Länder umgestaltet haben, kann nicht als Beweis dafür gelten, daß der Krieg um dieses Zieles willen geführt worden sei, ist vielmehr eine natürliche Folge davon, daß ein unterlegenes Volk geneigt ist, neben den Fehlern seiner Führer die eigenen Einrichtungen für die Niederlage verantwortlich zu machen und einen Grund für den Sieg der Gegner in deren besseren Einrichtungen zu sehen.

Aber dies war doch nur die eine Seite des Gedankens vom Selbstbestimmungsrecht der Völker. Es handelte sich dabei ebensosehr auch um die Frage der Abgrenzung der einzelnen Gebiete nach dem Willen der Bevölkerung oder, was man damit gleichzusetzen übermäßig geneigt war, nach deren nationaler Zugehörigkeit.

Der Gedanke, daß Nationalitätsgrenzen und Staatsgrenzen sich decken müßten, war jedoch in Europa niemals zur vollen Durchführung gelangt. Im ganzen östlichen Europa von der Ostsee bis zum schwarzen Meer saßen eine Fülle verschiedener Völker zum Teil wirr durcheinander geschoben; aber auch im Rheingebiet, in den Alpen und an einigen anderen Punkten deckten sich Staats- und Nationalitätsgrenzen nicht. In manchen Gebieten waren zudem die Oberschichten von anderer Abstammung wie die Unterschichten, oder das von außen her eingewanderte Bürgertum von anderer Nationalität wie die ländliche Bevölkerung. Dieser Zustand war einer sauberen und klaren Abgrenzung der Staaten nach dem Nationalitätsprinzip sehr ungünstig; er war das Ergebnis der gesamten Geschichte dieser Gebiete, der Völkerwanderungen und Kolonisationen, die sich hier vollzogen hatten. Die Grenzen, wie sie der Wiener Kongreß zuletzt festgelegt hatte, waren lediglich durch die Interessen der Großmächte bestimmt und hatten die Eigenart und Wünsche der einzelnen Volksstämme gar nicht berücksichtigt. Als nun im Laufe des 19. Jahrhunderts das Nationalgefühl sich immer stärker ausprägte und damit auch der Gedanke, daß jede Nationalität ein Recht auf einen eigenen Staat habe, immer mehr an Boden gewann, begann es namentlich im Osten und Südosten Europas zu gären. Mehrfach versuchten die Polen ihren von Rußland, Preußen und Österreich aufgeteilten Staat wieder herzustellen; die Balkanvölker erhoben sich gegen die türkische Herrschaft; die Nationalitäten Österreich-Ungarns riefen immer lauter nach einer selbständigeren Stellung ihrer Gebiete innerhalb des Staatsganzen, und schon regte sich bei vielen der Wunsch, ganz selbständig zu werden oder sich mit den Stammesgenossen außerhalb der Donaumonarchie zusammenzuschließen. Die Italiener verlangten nach der Vereinigung ihrer in den Südalpen sitzenden Volksgenossen mit ihrem Staate, und auch die Franzosen konnten sich in ihrem Verlangen nach der Rückgabe Elsaß-Lothringens wenigstens für einen Teil dieser Gebiete darauf berufen, daß er von französisch sprechender Bevölkerung bewohnt sei. Diese Nichtübereinstimmung zwischen Staats- und Volksgrenzen bildete in Verbindung mit dem Gedanken, daß jedes Volk das Recht auf einen eigenen Staat habe, eines der stärksten Momente der Unruhe im europäischen Staatsleben. Man empfand die alten Grenzen, die in der Zeit des Absolutismus nach den Gesichtspunkten der Staatsraison festgelegt waren, vielfach als Reste einer vergangenen Periode, die fremdartig in die Gegenwart mit ihren anders gearteten Empfindungen und Forderungen hineinragte.

Freilich wuchsen die Schwierigkeiten, dies scheinbar so einfache Prinzip praktisch durchzuführen, um so stärker an, je genauer man seine Anwendung im einzelnen überlegte. Wenn jede Nation einen Staat bilden sollte, wer hatte dann in den Bezirken mit gemischter Bevölkerung über deren Zugehörigkeit zu entscheiden? Sollten wenigstens hier die Rücksichten der Staatsraison, der Wunsch nach Herstellung zusammenhängender Staatsgebiete mit verteidigungsfähigen Grenzen, die Ansprüche, die sich aus der historischen Zusammengehörigkeit der einzelnen Landesteile ergaben, Berücksichtigung finden oder sollte man die Bevölkerung selbst in jedem einzelnen Bezirk über ihre Wünsche befragen und abstimmen lassen? Wie sollte es werden, wenn im letzteren Falle einzelne Ortschaften eines Gebietes anders stimmten als die übrigen? Sollten hier lauter kleine Enklaven geschaffen werden, oder sollte die Minderheit gegen ihren Willen dem Staate einverleibt werden, für den die Mehrheit gestimmt hatte? In jedem Fall hätte sich aus einer schnellen und rücksichtslosen Durchführung des Nationalitätsprinzips eine außerordentlich starke Verschiebung der bestehenden Grenzen ergeben müssen; sie wäre nur auf gewaltsamem Wege zu verwirklichen gewesen.

Der Gedanke des Selbstbestimmungsrechts der Völker war aber, trotz aller Schwierigkeiten, die seiner Durchführung im Wege standen, zweifellos eine Idee von großer Kraft und Wirksamkeit. Es läßt sich unmöglich leugnen, daß die Herrschaft eines Staates über große Teile ihm fremd oder feindlich gegenüberstehender Bewohner mit den Grundlagen des modernen Staatslebens nicht verträglich ist. Bei der Kraft und Bedeutung des nationalen Gedankens, der in immer stärkerem Maße auch die Massen der Bevölkerung ergriffen hatte, konnte es auf die Dauer nicht so bleiben wie es war. Eine Umbildung der europäischen Staatsgrenzen war in der Vorbereitung begriffen, die sich durch gewaltsame Mittel auf die Dauer wohl kaum hätte aufhalten lassen. Aber es ist doch die Frage, ob zur Lösung dieser Frage ein Weltkrieg von den Dimensionen, wie wir ihn erlebt haben, unvermeidlich war, ob sich nicht allmählich durch Verhandlungen, Austausch von Gebieten, Gewährung von Kompensationen oder auch Bestimmungen zum Schutz der nationalen Minderheiten und ähnliche Maßregeln eine friedliche Entwickelung in der bezeichneten Richtung hätte anbahnen lassen. Die Türkei war fast ganz aus Europa verschwunden und ihr Gebiet aufgeteilt worden, ohne daß es zu einem allgemeinen Kriege gekommen war.

Vermutlich würde die habsburgische Monarchie nach dem Tode des Kaisers Franz Josefs schwere innere Krisen durchzumachen gehabt haben, deren Ergebnis entweder ihre Auflösung oder ihre vollständige Umbildung zu einem Bunde gleichberechtigter Völker hätte sein können. Vielleicht wäre es auch hier möglich gewesen, die Umwandlung auf friedlichem Wege zu vollziehen, oder wenigstens die daraus entstehenden Kämpfe in ähnlicher Weise zu lokalisieren, wie dies auf der Balkanhalbinsel bis 1913 geglückt war. Es versteht sich, daß diejenigen Mächte, die durch diese Tendenzen ihr Gebiet oder ihre Existenz schwer bedroht sahen, ihnen nach Kräften widerstrebten und den Prozeß zu verlangsamen suchten. Zu ihnen gehörte in erster Linie Österreich-Ungarn; aber auch Deutschland, das durch die Wiederherstellung Polens und die wahrscheinliche Loslösung des französischen Lothringen sowie des nördlichen Schleswig schwere Verluste zu gewärtigen hatte. Auch England konnte nicht ohne Sorgen der Aufrollung der irischen Frage entgegensehen, die bei dem Widerstreben der Iren gegen die englische Herrschaft ganz unfehlbar eintreten mußte; aber es konnte doch hoffen, hierfür eine friedliche Lösung auf dem Wege der Verhandlungen zu finden. Auf der anderen Seite waren diejenigen Mächte, die bei einer schnellen und gewaltsamen Lösung nichts zu verlieren, sondern nur zu gewinnen hatten, daran interessiert, die Entwicklung zu beschleunigen. Dies galt in erster Linie von Frankreich und Italien. Für Rußland waren die Aussichten zwiespältig. Man mußte auch hier namentlich im Nordwesten, in Finnland und den Ostseeprovinzen Verluste befürchten; man mußte sich auch mit dem Gedanken vertraut machen, daß eine vollständige Veränderung des Verhältnisses zu Polen notwendig sein werde und daß vielleicht auch andere Teile des weiten und vielgestaltigen Reiches irgendeine Form der Autonomie verlangen würden; aber man hoffte, für dies alles reichen Ersatz zu finden, wenn es gelinge, die ganze slavische Welt unter dem Protektorat des Zaren zu einer nach außenhin geschlossenen Macht zu vereinigen.

So waren die Probleme, die sich aus der Durchführung des Selbstbestimmungsrechtes der Völker ergaben, aufs engste verquickt mit den Interessenkonflikten und Machtkämpfen der Großmächte. Darin lag gewiß ebenso eine schwere Gefahr wie in der Fremdartigkeit dieser Gedanken für die Anhänger der alten Prinzipien des Staatslebens, die in den Regierungen der Ostmächte durchaus vorherrschten. Aber so hoch man diese Gefahr auch schätzen mag, so läßt sich doch auch hier nicht sagen, daß es keine Mittel gegeben habe, ihr auf friedlichem Wege zu begegnen und daß sie notwendig zu einem Kriege habe führen müssen.

* * *

So werden wir immer wieder zu der Erkenntnis geführt, daß es schließlich doch von dem Wollen und Können der leitenden Staatsmänner abhing, ob aus der gespannten Lage, wie sie in den ersten anderthalb Jahrzehnten des 20. Jahrhunderts bestand, ein großer Krieg hervorgehen werde oder nicht. Der Weltkrieg ist nur deswegen entstanden, weil es Elemente gab, die eine an sich mögliche friedliche Lösung der Schwierigkeiten gar nicht wollten, sondern die aus Motiven verschiedener Art mit Bewußtsein auf einen gewaltsamen Zusammenstoß hinarbeiteten, und weil diese Elemente in einzelnen der beteiligten Länder entscheidenden Einfluß auf die Leitung des Staates gewannen. Was waren das für Elemente, und woher stammte ihr Wille und ihre Macht?

Man wird sagen dürfen, daß bei der großen Masse der Bevölkerung in allen beteiligten Ländern eine friedliche Stimmung vorherrschte. Kein Volk würde wohl, wenn man es befragt hätte, in seiner Mehrheit für den Krieg gestimmt haben. Es waren überall nur Minderheiten von größerem oder geringerem Einfluß, die auf eine gewaltsame Lösung hinarbeiteten, sei es, daß sie eine Beseitigung der bestehenden Schwierigkeiten auf anderem Wege nicht für möglich hielten, oder daß sie von einem Kriege für ihr Land die Erfüllung längst gehegter Wünsche erhofften, deren Verwirklichung im Frieden zweifelhaft blieb.

In Frankreich war es die Partei der Revanche, die zu Kriege drängte. Sie war eine Zeitlang stark in den Hintergrund geschoben worden, aber niemals ganz verschwunden. Seit dem Anfang des 20. Jahrhunderts, seit dem Abschluß des Bündnisses mit England und seitdem der Marokkokonflikt die Mißstimmung gegen Deutschland verschärft hatte, gewann sie von Jahr zu Jahr an Einfluß. Delcassé, Clémenceau und Poincaré waren ihre Führer. Diese Gruppe war überzeugt, daß ein Krieg im Bunde mit Rußland und England zum Siege, zur Zurückeroberung von Elsaß-Lothringen, ja vielleicht zur Gewinnung des linken Rheinufers und zur Wiederherstellung der Vorherrschaft Frankreichs auf dem Kontinent führen werde. Sie war entschlossen, den ersten geeigneten Anlaß zu benutzen, um diesen Krieg herbeizuführen, vorausgesetzt, daß Englands Mitwirkung sicher sei. Sie glaubten aber auch, nicht zu lange warten zu dürfen, da die Erfahrung gezeigt hatte, daß kein Bündnis für die Ewigkeit besteht. Wer konnte wissen, ob sich England und Rußland nicht wieder vereuneinigen würden, — eine Möglichkeit, die schon mehrmals aus Anlaß der persischen Fragen gedroht hatte, — oder ob England sich nicht doch einmal wieder zu Deutschland hinüberwenden werde? Es galt daher zu handeln, solange die Entente noch bestand und einen sicheren Rückhalt gewährte. Nach 1911 war diese Partei in den Besitz der Regierungsgewalt in Frankreich gelangt. Poincaré stand an der Spitze der Republik, erst Delcassé, dann sein Gesinnungsgenosse Paléologue vertraten sie auf dem wichtigen Botschafterposten in Petersburg.

In **Rußland** arbeitete die Großfürstenpartei, getragen von der **panslavistischen Strömung** offen auf den Krieg hin. Ein großer Teil der hohen Offiziere und wohl auch der Beamtenschaft stand auf ihrer

Seite. Vor allen Dingen aber besaß sie einen außerordentlich geschickten und skrupellosen Helfer in dem früheren Minister Iswolski, der seit 1910 Botschafter in Paris war und in seiner Haltung zweifellos zum großen Teil durch persönlichen Haß gegen die Leiter der österreichisch-ungarischen Monarchie mitbestimmt wurde. Wer die aus den russischen Archiven veröffentlichten Dokumente, namentlich die im Livre Noir vereinigten Berichte Iswolskis unbefangen prüft, muß zu dem Ergebnis kommen, daß zwischen Poincaré und Iswolski seit längerer Zeit ein geheimes Einverständnis darüber bestand, daß bei der ersten passenden Gelegenheit zu den Waffen gegriffen werden solle. Man sieht aus ihnen, in welchem Umfang Iswolski die französische Presse bestochen hat, um die öffentliche Meinung für diese Pläne günstig zu stimmen und die Gegner zum Schweigen zu bringen. Man sieht aber auch, wie vorsichtig beide dabei zu Werke gingen. Das schwierigste Problem bildete es für sie, die Mitwirkung Englands sicherzustellen. Sie waren sich darüber klar, daß darauf nur zu rechnen sei, wenn vor der Öffentlichkeit die Schuld des Angriffes auf die gegnerische Gruppe abgewälzt werden könne. Unermüdlich spähten beide nach einer Möglichkeit aus, eine solche Situation herbeizuführen. Aber die unbedingte Herrschaft hatte diese Partei in Rußland nicht. Der Zar war persönlich friedliebend, aber schwach und bestimmbar. Auch der leitende Minister Sassonow scheint von Anfang an nicht unbedingt für eine Politik gewesen zu sein, die zum

Kriege führen mußte. Wann und auf welche Art er umgestimmt worden ist, läßt sich auf Grund des bisher vorliegenden Materials noch nicht mit Sicherheit sagen. Zu den wesentlichsten Argumenten der Kriegspartei gehörte der Hinweis darauf, daß die Stellung des Zaren im eigenen Lande bedroht sei, sobald seine auswärtige Politik der Schwäche oder des Verrats an den slavischen Stammesgenossen beschuldigt werden könne. Nach der schweren Niederlage in Ostasien erschien es notwendiger als je, das Prestige Rußlands auf der Balkanhalbinsel zu wahren und womöglich in einer Ausdehnung der russischen Macht nach dem Südwesten einen Ersatz für den Verlust der Stellung im fernen Osten zu finden. Man ängstigte den Zaren durch die Gefahr einer Revolution und des Verlustes der französischen Bundesgenossenschaft, wenn Rußland sich den Revancheplänen versage; zugleich suchte man ihm die deutsche Politik als feindlich und hinterlistig darzustellen. Aber so mächtig diese Partei auch war, so hatte sie doch die Leitung ihres Staates noch nicht so völlig in der Hand, wie die Revanchepartei in Frankreich.

Auch in England gab es Gruppen, die zum Kriege drängten. Manche erhofften von einem Kampfe mit Deutschland die Niederschlagung eines äußerst unbequem gewordenen wirtschaftlichen Konkurrenten, andere die Vernichtung der deutschen Kriegsflotte, die als eine Gefahr für Englands Seeherrschaft und Sicherheit erschien. Es war kein Geheimnis, daß der Chef der englischen Admiralität, Lord Fisher, Anhänger eines Präventivkriegs gegen Deutschland war. Aber diese Gruppen hatten auf die offizielle Politik des Landes keinen nennenswerten Einfluß, zumal da auch die führenden Wirtschaftskreise der City durchaus friedlich gestimmt waren. Denn sie wußten wohl, daß Deutschland nicht nur Englands Konkurrent, sondern zugleich auch einer seiner größten Abnehmer und Lieferanten war. Sir Edward Grey und seine Kollegen wünschten, soweit sich bisher ohne Kenntnis des intimeren englischen Quellenmaterials sagen läßt, den Krieg nicht; sie wollten Deutschland mit Hilfe der Entente politisch im Schach halten, damit es nicht zu mächtig werde; aber während sie die Beziehungen zu Frankreich und Rußland sorgfältig zu erhalten strebten, verhandelten sie doch auch mit Deutschland über einen Ausgleich in der Flottenfrage und die Beilegung aller kolonialen Differenzen. Die letztere war durch die Verträge über die Zukunft des portugiesischen Afrika und über die Bagdadbahn schon fast erreicht, als der Weltkrieg ausbrach.

Die eigentliche Triebfeder der offiziellen englischen Politik war das überlieferte Streben nach Erhaltung des Gleichgewichts auf dem europäischen Festlande und die Furcht, daß dieses Gleichgewicht zugunsten Deutschlands erschüttert werden könne, sobald man Frankreich und Rußland den englischen Rückhalt entziehe. Man wünschte keinen Krieg, aber man hielt es im Interesse Englands für notwendig, wenn es trotz aller Gegenbemühungen doch dazu komme, sofort auf der Seite der Ententegenossen in den Kampf einzugreifen, weil man sonst einen Sieg Deutschlands und seiner Verbündeten und damit die Hegemonie Deutschlands auf dem europäischen Festlande kommen sah. Vielleicht hielt man sich für stark genug, um Frankreich und Rußland zu zügeln und sie an der unvorsichtigen Entfesselung eines Krieges zu hindern. Dann hat man seine Stellung überschätzt. Denn die Verbündeten durchschauten sehr genau, daß sich England, auch wenn sie gegen seinen Willen den Krieg begonnen hätten, in einer Zwangslage befinden würde. Sie hatten nur darauf Bedacht zu nehmen, daß ihnen die friedliche öffentliche Meinung des Landes, die in England eine starke Macht und durch Bestechung nicht zu beeinflussen war, nicht schließlich einen Strich durch die Rechnung mache und die Regierung Greys zum Rücktritt zwinge. Gerade deshalb legte man in Paris so großen Wert darauf, daß eine der Ententemächte vor der Welt als die angegriffene erscheinen müsse. Nur in diesem Falle glaubte man der öffentlichen Meinung sicher zu sein.

Was Deutschland angeht, so gab es hier seit langer Zeit in den höheren militärischen Kreisen und auch anderswo Männer, die den Krieg für unvermeidlich hielten und beständig einen plötzlichen Überfall von seiten der feindlichen Gruppe fürchteten. Sie traten daher dafür ein, den Kampf zu führen, solange die Gegner nicht voll gerüstet seien; aber auch hier haben diese Elemente keinen maßgebenden Einfluß auf die politische Leitung gehabt. Noch weniger jene alldeutschen Volksredner, die es für die Aufgabe des Deutschen Reiches hielten, alle von Deutschen bewohnten Gegenden dem Reiche politisch anzugliedern, ein Gedanke so utopischer Art, daß kein ernsthafter Staatsmann jemals an seine Ausführung gedacht hat. Ich werde später noch genauer von der Gesinnung und den politischen Zielen des Kaisers und seiner Ratgeber zu sprechen haben; aber ich will schon hier darauf hinweisen, daß bei ihnen allen der Wunsch, einen großen Krieg wenn irgend möglich zu vermeiden, in erster Linie stand.

In Österreich-Ungarn endlich war der eifrigste Führer der Kriegspartei General Conrad von Hoetzendorff, und er hat namentlich in der Zeit, als er Generalstabschef war, nichts unversucht gelassen, um die politisch leitenden Persönlichkeiten für seine Pläne zu gewinnen. In seinen Memoiren hat er mit der größten Offenheit gesagt, daß er einen Präventivkrieg nicht nur gegen Serbien, sondern auch gegen Italien für unbedingt notwendig gehalten habe. Es war seine Überzeugung, daß man sonst nur den Gegnern die Auswahl des ihnen geeignet erscheinenden Augenblicks für den doch unvermeidlichen Kampf überlasse. Aber so oft und so eifrig er in kritischen Momenten diese Wünsche auch vertreten hat, er ist doch weder bei dem friedliebenden alten Kaiser noch bei den leitenden Ministern, erst Ährenthal, dann Berchthold damit durchgedrungen. Denn sie alle waren von dem Wunsche beseelt, den

Frieden zu erhalten, solange es irgend möglich sei. Allerdings lebten die österreichischen Staatsmänner immer in schwerer Sorge, weil sie die zunehmende Kraft der auflösenden Tendenzen innerhalb des Kaiserstaates selbst spürten und den Augenblick kommen sahen, wo sie ihrer nicht mehr würden Herr werden können. Sie glaubten namentlich, daß jeder Verlust an Prestige in der auswärtigen Politik oder jedes Zeichen von Nachgiebigkeit oder Schwäche gegenüber den kleinen slavischen Staaten an der Südgrenze diesen Kräften den Mut zum Handeln geben und daher für den Bestand der Monarchie verhängnisvoll werden würde. Man stand in Wien dem Nationalitätenproblem vollständig ratlos gegenüber und war gerade deshalb trotz aller Friedensliebe außerordentlich nervös und unruhig, weil man das Arbeiten der unterirdischen vulkanischen Kräfte deutlich spürte und die engen Beziehungen der inneren Gegner zu Serbien und Rußland kannte. So ist es möglich gewesen, daß Graf Berchthold und seine Mitarbeiter in dem Augenblick, wo ihnen die Ermordung des Thronfolgers in Serajewo das Wirken dieser unterirdischen Kräfte mit furchtbarer Deutlichkeit zum Bewußtsein brachte, in eine Stimmung gerieten, die ihnen jede Gefahr, selbst die eines Weltkrieges, geringer erscheinen ließ, als das kleinste Zugeständnis an diese Elemente, als deren Ziel man die Vernichtung der Monarchie, mindestens in ihrer bisherigen Form, genugsam kannte. In dieser Unsicherheit und Nervosität der Wiener Regierung lag sicherlich eine erhebliche Gefahr für den Frieden, und es war jeden Augenblick möglich, daß sie sich zu unvorsichtigen und verzweifelten Schritten hinreißen ließ, die aber nicht dem Wunsche, einen Krieg herbeizuführen entsprangen, sondern vielmehr der Furcht, wenn man sich nicht rechtzeitig wehre, vollkommen vernichtet zu werden.

Das war also der große Unterschied: In Frankreich standen diejenigen, die zum Kriege drängten, an der Spitze der Regierung; in Rußland übten sie wenigstens einen sehr starken Einfluß aus; in den übrigen Ländern waren sie ohne erheblichen Einfluß und standen entweder mißvergnügt über die friedliche Politik ihrer Regierungen im Hintergrunde oder direkt in der Opposition. Natürlich hing dies damit zusammen, daß in Frankreich und Rußland auch größere und eifrigere Schichten der Bevölkerung hinter den Führern der Kriegsparteien standen. Die Macht der nationalen Leidenschaften bildete sowohl bei der Revanchepartei wie bei den Panslavisten die populäre Grundlage, auf die sich die Führer, für die das politische Machtinteresse ihrer Staaten in erster Linie stand, stützten und an die sie im Augenblick des Handelns immer mit Aussicht auf Erfolg zu appellieren hoffen konnten. Durch die von ihnen beherrschte Presse erhielten sie die Fühlung mit ihren Anhängern im Lande aufrecht und trieben eine höchst wirksame Propaganda für ihre Gedanken und Ziele. Schon der Umstand, daß sie ein bestimmtes und klares Ziel verfolgten, verlieh ihnen einen großen Vorteil gegenüber den Staatsmännern anderer Länder, die meist nur von Tag zu Tag lavierten, um Konflikte zu vermeiden oder Schwierigkeiten auszugleichen, während ihnen ein positives Ziel für ihre Politik, für das sie zugleich die Stimmung ihrer Länder hätten gewinnen können, fehlte. Man muß aber anerkennen, daß Männer wie Poincaré und Iswolski Persönlichkeiten von ebenso großer Klugheit, Geschicklichkeit und Energie wie von vollendeter Skrupellosigkeit in der Wahl ihrer Mittel waren, während die leitenden Staatsmänner der Mittelmächte eine kaum durchschnittliche Begabung aufwiesen. Zieht man dies alles in Betracht, so begreift man es, wie es diesen Männern gelingen konnte, alle ehrlichen Friedensbemühungen zu vereiteln und die Völker gegen den Willen ihrer friedliebenden Mehrheit in diesen furchtbaren Krieg zu stürzen. Nur wenn man diese allgemeine Lage der Verhältnisse und der Kräfte vor Augen hat, kann man die Frage richtig beantworten, **welchen Anteil die deutsche Politik an der Entfesselung des Weltkrieges gehabt hat.**

* * *

Die ursprüngliche Behauptung der in Versailles versammelten Vertreter der feindlichen Staaten ging bekanntlich dahin, daß Deutschland seit langer Zeit planmäßig den Krieg vorbereitet habe, in der bewußten Absicht, für sich und seine Verbündeten definitiv die Hegemonie in Europa zu gewinnen. Daß diese Behauptung unrichtig ist, wird heute auch von solchen Kreisen in England und Amerika, ja sogar in Frankreich anerkannt, die sich einigermaßen von der Kriegshypnose befreit haben.

Wenn die deutschen Staatsmänner die Absicht gehabt hätten, einen Krieg zur Vergrößerung der Machtstellung ihres Reiches oder auch nur zur Schwächung der gegnerischen Position zu führen, so hätten sie mehr als einmal im Laufe der Jahrzehnte vor dem Weltkrieg günstige Gelegenheit dazu gehabt. Als Rußland durch seinen Krieg mit Japan vollständig in Anspruch genommen war, und in den Jahren nach seiner Niederlage, als es von revolutionären Bewegungen durchzuckt wurde, und als seine desorganisierte Armee zum Kampfe unfähig war, hätte ein Krieg gegen Frankreich offenbar die günstigsten Chancen geboten, zumal da das Verhältnis der Franzosen zu England damals noch kein so enges war wie später. Man hat in Berlin die Gunst der Lage keineswegs verkannt; daß man sie trotzdem nicht ausgenutzt hat, ist der beste Beweis dafür, daß man es nicht gewollt hat. Der Kaiser selbst hat noch kurz vor dem Kriege gesagt, überall wohin er komme, bestehe seine Tätigkeit darin, zu beruhigen und auszugleichen. Besonnene und wohlunterrichtete Staatsmänner in Frankreich, England und Belgien haben auch in den kritischen Jahren die Überzeugung ausgesprochen, daß der Kaiser den Krieg nicht wolle. Auch die Reichskanzler Bülow und Bethmann-Hollweg waren von wirklicher Friedensliebe erfüllt. Lag es doch auf der Hand, daß Deutschland, selbst bei einem siegreichen

Kriege kaum etwas Positives zu gewinnen, dafür aber im Fall einer Niederlage alles zu verlieren hatte. Für seine in gewaltigem Aufschwung begriffene wirtschaftliche Entfaltung brauchte es nichts dringender als den Frieden. Als der Krieg ausbrach, war das deutsche Reich weder wirtschaftlich noch diplomatisch auf ihn vorbereitet, und selbst in militärischer Hinsicht war nicht alles geschehen, was zur Ausbildung und Bereitstellung der gesamten waffenfähigen Mannschaft möglich gewesen wäre.

Die Behauptung, daß Deutschland den Krieg absichtlich herbeigeführt habe, wird also heute auch außerhalb Deutschlands von gut unterrichteten und der Wahrheit ernstlich nachgehenden Persönlichkeiten nicht mehr aufrechterhalten. Aber daran halten noch viele fest, daß sowohl die deutschen Einrichtungen und Gesinnungen sowie die deutsche Politik und insbesondere der deutsche Kaiser als ihr oberster Leiter ein Element der Beunruhigung für die übrige Welt gebildet, dadurch die Gegenwirkung der übrigen Staaten hervorgerufen und somit doch indirekt einen erheblichen Anteil an der Entstehung des Krieges gehabt hätten. Versuchen wir auch diese Vorwürfe, die meist recht unklar formuliert und begründet werden, auf ihre Stichhaltigkeit hin zu prüfen.

Zunächst muß ganz im allgemeinen gesagt werden, daß die deutsche Politik sich in ihren Zielen und Methoden durchaus nicht von derjenigen der anderen Mächte unterschied. Wenn sie die Machtstellung des

Deutschen Reiches behaupten, und wo es ohne Verletzung der klaren Rechte anderer möglich war, auch zu vergrößern strebte, wenn sie dem deutschen Volke freien Spielraum für seine wirtschaftliche Betätigung zu sichern suchte, und wenn sie bei der immer rascher fortschreitenden Aufteilung der noch unabhängigen Teile der Erdoberfläche Deutschland einen angemessenen Anteil sichern wollte, so tat sie nur, was ihr Recht und ihre Pflicht war. Wer der deutschen Regierung daraus, daß sie überhaupt Machtpolitik trieb, einen moralischen Vorwurf machen wollte, müßte ihn genau ebenso gegen die Staatsmänner Englands, Frankreichs, Rußlands oder anderer Mächte richten. Was man gegen die Leitung der deutschen Politik mit Recht einwenden kann, liegt auf einem ganz anderen Gebiete: Es fehlte ihr an Planmäßigkeit, Einheitlichkeit und Vorsicht; sie war in der Wahl ihrer Mittel nicht immer glücklich. Aber auch in anderen Ländern ist zeitweise eine recht ungeschickte Politik gemacht worden, ohne daß man sie deshalb gleich als gemeingefährlich betrachtet hätte. Sehen wir uns nun die leitenden Männer Deutschlands etwas genauer an.

Über die Persönlichkeit Kaiser Wilhelms II. gestatten uns die vielen Veröffentlichungen der letzten Jahre klarer zu urteilen als es früher möglich war. In der Zeit, als er noch an der Spitze des Reiches stand, hat man im allgemeinen seine Willenskraft wie seinen Einfluß auf die auswärtige Politik Deutschlands weit überschätzt. Heute wissen wir, daß der Kaiser im

Grunde eine schwache Persönlichkeit war, verhältnismäßig leicht zu beeinflussen, wenn man ihn richtig zu nehmen und auf seine Empfindlichkeiten und Liebhabereien Rücksicht zu nehmen verstand. Er hielt es für ein Gebot seiner Stellung, nach außen hin stets pomphaft und imponierend aufzutreten, um der Welt zu zeigen, daß er die Zügel allein in der Hand habe, von niemand abhängig sei und sich vor niemand fürchte. Aber in schwierigen Situationen verlor er leicht alles Selbstbewußtsein, ja alle Würde; es hat schon vor dem Kriege Zeiten gegeben, wo er nervös vollständig zusammenbrach. Dann fiel die Maske herunter, die er auf der Bühne des öffentlichen Lebens trug. Die innerliche Unreife und Unsicherheit, die schon Bismarck in seinen letzten Kämpfen mit ihm als die schwerste Zukunftsgefahr empfand, hat er niemals zu überwinden verstanden. Oft riß sein lebhaftes Temperament und die Suggestion der Rolle, die er spielen zu müssen glaubte, ihn zu unvorsichtigen und vorher gar nicht überlegten Äußerungen hin, denen die Welt eine viel größere Tragweite beilegte als er selbst ihnen zu geben beabsichtigte. Durch solche Worte hat er es den Feinden Deutschlands erleichtert, ihn als einen Mann hinzustellen, der tief verborgene und weit aussehende Pläne hege, die er für gewöhnlich tief in sich verschließe, die aber in solchen unbewachten Augenblicken blitzartig an das Tageslicht träten und seine wahren Absichten erkennen ließen. Nichts konnte falscher sein. Wohl erging sich seine Phantasie gelegentlich in der Ausmalung ferner Zukunftsperspektiven, wie eines Kampfes der gelben und weißen Rasse, oder des Germanentums gegen das romanische und slavische Element. Aber das waren für ihn nicht freudige Hoffnungen, die ihn lockten, oder auf deren Verwirklichung er hinzuarbeiten wünschte; es waren vielmehr beängstigende, drohende Möglichkeiten, deren Kommen er fürchtete, aber nicht aufhalten zu können glaubte. Immer sah er den politischen Horizont von düsteren Wetterwolken umsäumt; immer rechnete er mit einem plötzlichen Überfall von seiten Rußlands und Frankreichs zu Lande oder von seiten Englands zur See, und es ist das beste Zeugnis für die Friedfertigkeit seiner Gesinnung, daß er sich trotzdem selbst in dafür günstigen Augenblicken niemals für den Gedanken eines Präventivkrieges gewinnen ließ.

Ein Mann von seiner Geistesart und von seiner Vielgeschäftigkeit, der im Grunde niemals wirklich arbeitete, konnte unmöglich die Politik eines großen Reiches wirklich leiten. Gewiß hat er in die politischen Geschäfte oft sprunghaft und vielfach störend eingegriffen, aber die wirkliche Leitung der auswärtigen Politik lag immer in der Hand anderer Persönlichkeiten, die freilich auf ihn und seine Anschauungen Rücksicht nehmen mußten, aber niemals bloße Vollstrecker seines Willens waren. Nach außen hin mußte natürlich der Schein stets aufrecht erhalten werden, als regiere der Kaiser selbst und ausschließlich. In Wirklichkeit fehlte es gerade deshalb an einer einheitlichen und planmäßigen Leitung, weil der Kaiser nach Art solcher im Grunde schwachen, jedoch auf ihre Stellung eifersüchtigen Naturen niemals einem anderen die vollständige Oberleitung überlassen wollte und doch selbst nicht imstande war, sie in der Hand zu behalten.

Die Folge davon war, daß die verschiedenen Ressorts ohne dauernde und engere Verbindung untereinander jedes für sich arbeiteten, dabei häufig verschiedene Ziele verfolgten und gegenseitig ihre Absichten durchkreuzten. Die Gründe dafür, daß die deutsche Politik in den Jahrzehnten vor dem Kriege so häufig Planmäßigkeit und Einheitlichkeit vermissen ließ, lagen nicht nur in persönlichen Mängeln der leitenden Männer selbst oder in der Rücksicht, die sie auf den Kaiser nehmen mußten, sondern weit tiefer in der ganzen sozialen, politischen und geistigen Struktur des deutschen Volkes und Staates. Es gab in Deutschland keine starke und durch Tradition gefestigte öffentliche Meinung in außenpolitischen Fragen, mit der die Staatsmänner hätten rechnen können und müssen. Es gab keine Einrichtungen, die eine wirkliche Kontrolle der auswärtigen Politik durch die Volksvertretung oder das Gesamtministerium ermöglichten. Durch die Verfassung waren alle politischen Entschlüsse in das Belieben zweier Persönlichkeiten gestellt: des Kaisers und des Reichskanzlers. Neben ihnen konnte sich der Staatssekretär des Auswärtigen, formell ein Untergebener des Reichskanzlers, oder eine geistig hervorragende Kraft unter den Räten des Auswärtigen Amtes, wie in früheren Jahren Herr von Holstein, wohl tatsächlich einmal zur Geltung bringen; aber er trug dann niemals die rechtliche und politische Verantwortung für das, was er riet. Diese Einrichtungen erschwerten es außerordentlich, daß sich eine feste von dem Wechsel der einzelnen Persönlichkeiten unabhängige politische Tradition bilden und erhalten konnte. Dazu kam die in den sozialen Verhältnissen Deutschlands wurzelnde Engherzigkeit in der Auswahl des Personals für die leitenden diplomatischen Stellen. Diese waren fast ausschließlich dem Adel vorbehalten, und sehr häufig waren bei der Auswahl der einzelnen Männer recht unsachliche Gesichtspunkte maßgebend. Die Frage, ob jemand dem Kaiser angenehm und bequem war, spielte dabei eine große Rolle.

Die aus dem mangelhaften Zusammenarbeiten der Behörden hervorgehende Verwirrung wurde noch erhöht durch die aus der altpreußischen Überlieferung stammende vollständige Trennung der militärischen und politischen Angelegenheiten. Der Generalstab, der Admiralstab und das Militärkabinett unterstanden dem Kaiser direkt und unmittelbar; der Reichskanzler hatte auf ihre Pläne keinen Einfluß, oft nicht einmal genügende Kenntnis davon. Es ist höchst bezeichnend, daß Admiral von Tirpitz in seinem neuesten Buche selbst zugibt, das Auswärtige Amt über das Maß der Zugeständnisse, die er gegenüber England in der Flottenfrage für möglich hielt, falsch unterrichtet zu haben, weil er fürchtete, daß dieses in den Verhandlungen nicht den richtigen

Gebrauch davon machen werde. Wir wissen noch heute nicht, seit wann der Reichskanzler davon unterrichtet war, daß der Kriegsplan des Generalstabes die Konzentration der stärksten Kräfte zum Angriff auf Frankreich und den Durchmarsch durch Belgien zur Grundlage hatte. Wenn der Kaiser wirklich regiert hätte, so hätte es seine erste Aufgabe sein müssen, den Zusammenhang zwischen diesen Behörden durch eine von ihm ausgehende einheitliche Leitung herzustellen. So aber wußte die rechte Hand nicht, was die linke tat. Als der große Krieg, den man zwar nie gewollt, aber doch stets befürchtet hatte, schließlich wirklich ausbrach, fehlte es durchaus an einem kombinierten Operationsplan für die in diesem Falle zu beobachtende politisch-militärische Haltung. Hätte der Reichskanzler damals versuchen wollen, eine solche Verbindung herzustellen, so würde er gegenüber der Eifersucht der militärischen Stellen auf ihre Selbständigkeit gegenüber den Eingriffen von Zivilpersonen nicht durchgedrungen sein. Denn in den Augen des Kaisers war der Reichskanzler eben auch nur ein Zivilist, der von militärischen Dingen nichts verstand und der im allgemeinen weniger Verständnis und weniger Tatkraft besaß als ein Soldat.

Dies war, in kurzen Umrissen gezeichnet, der wahre Zustand unserer obersten Leitung vor dem Kriege. Es gab hier keine lange vorherbedachten geheimen Pläne und Absichten, sondern sehr viel Unklarheit, Verwirrung, Ressort-Eifersucht und Mangel an Einheitlichkeit. Daher tragen auch die einzelnen Maßregeln der deutschen Politik die Spuren der Herkunft aus diesen Zuständen deutlich an sich. Ohne auf die Einzelheiten einzugehen, will ich noch einige von ihnen, weil sie häufiger zur Verdächtigung der friedlichen Gesinnung der deutschen Regierung benutzt worden sind, kurz berühren.

Es ist Deutschland oft der Vorwurf gemacht worden, daß es bei dem allgemeinen Wettrüsten der immer wieder vorwärts treibende Faktor gewesen sei und selbst solche, die zugestehen, daß eine bewußte kriegerische Absicht bei der deutschen Regierung nicht bestanden habe, sagen, schon dieses fortwährende Rüsten, diese Durchdringung des ganzen Volkes mit einem kriegerischen Geiste und der daraus folgende Einfluß der militärischen Instanzen auf die Gesamtpolitik, dieser „Militarismus" Deutschlands sei doch im Grunde schuld daran gewesen, daß es schließlich zum Kriege habe kommen müssen. Wer dies sagt, vergißt aber, daß Deutschland sich von allen Großmächten in der gefährdetsten Lage befand. Die Vereinigten Staaten sind die einzige Großmacht ihres Kontinents und haben von niemand etwas zu fürchten; Großbritannien ist eine Insel und hat den Gürtel des Meeres als Schutz; Frankreich hat im Süden und Südosten das Hochgebirge, an dem größten Teil seiner Grenze das Meer, und Spanien und Italien sind als Nachbarn nicht gefährlich. Rußland hat nur an der deutschen Seite starke Staaten neben sich. Deutschland aber hatte im Westen und Osten starke ihm wenig freundlich gesinnte Nachbarn und stand, namentlich seit Frankreich und Rußland ihr Bündnis miteinander geschlossen hatten, in der beständigen Gefahr, zwischen ihnen erdrückt zu werden, wenn es nicht in der Lage sei, sich eines gemeinsamen Angriffs zu erwehren. Diese zwingende Notwendigkeit, die aus seiner geographischen Lage hervorgeht, ist es gewesen, die Deutschland zur höchsten Anspannung seiner militärischen Kräfte getrieben hat, nicht irgendeine persönliche Vorliebe, oder gar der Wunsch, mit diesen Kräften die Nachbarn anzugreifen.

Ähnliche Vorwürfe werden der deutschen Regierung wegen des starken **Ausbaues einer Schlachtflotte** gemacht. Daß Deutschland einer solchen zum Schutz seiner Küsten und seines Handels bedurfte, so gut wie alle anderen Großmächte, sollte eigentlich von billig denkenden Beurteilern nicht bestritten werden. Die Frage könnte nur sein, ob es dies an sich notwendige Verteidigungsmittel über seinen ursprünglichen Zweck hinaus verstärkt und damit den Hintergedanken verbunden habe, diese Flotte bei günstiger Gelegenheit zum Angriff auf andere zu benutzen. Man sagt, bei wirklich friedlichen Absichten sei es nicht zu verstehen, daß Deutschland auf die englischen Anregungen zu einer vertragsmäßigen Festlegung der beiderseitigen Flottenstärken nicht eingegangen sei. Wäre es darüber zu einer Einigung gekommen, dann würde, so meint man, das politische Verhältnis beider Staaten ein besseres geworden und eine Entspannung der Gesamtlage eingetreten sein. Durch die Zurückweisung dieser Anregung habe Deutschland dem Argwohn derjenigen Elemente in England neue Nahrung gegeben, welche die fortwährende Vergrößerung der deutschen Flotte schließlich doch nur aus feindlichen Absichten gegen das britische Reich erklären zu können meinten.

Ich lasse dahingestellt, ob diese günstigen Folgen einer Verständigung wirklich eingetreten sein würden, ob die dadurch bewirkte Annäherung wirklich den Weltkrieg hätte verhindern oder die Haltung Englands bei seinem Ausbruch entscheidend beeinflussen können. Ich beschränke mich nur auf die Frage, ob die deutsche Ablehnung wirklich aus feindlichen Absichten gegen England hervorging. Zunächst ist hier das eine sicher, daß die politischen Leiter Deutschlands, sowohl Bülow wie Bethmann-Hollweg, den dringenden Wunsch gehabt haben, daß eine solche Verständigung stattfinden möge. Gegner eines solchen Abkommens waren nicht die Politiker, sondern die Fachmänner der Marine, an ihrer Spitze Herr von Tirpitz, die den Kaiser immer wieder für ihre Anschauungen zu gewinnen wußten. Wir haben gerade in diesen Kämpfen ein lebendiges Beispiel für das Gegeneinanderarbeiten der Ressorts vor Augen. Ich kann hier auf die schwierige Frage nach den letzten Motiven für das Verhalten des Admirals von Tirpitz nicht eingehen; so viel ist jedenfalls klar, daß bei ihm die rein marinetechnischen Erwägungen durchaus im Vordergrund standen gegenüber den politischen. Man kann vielleicht sagen, daß ihm der Ausbau der deutschen Flotte zu einer möglichst großen, imponierenden und leistungsfähigen Macht ein absolutes Ziel war, das er um seiner selbst willen verfolgte, ohne das Problem mit genügender Schärfe als einen Teil des großen politischen Fragen-Komplexes zu erfassen, in den Deutschland hineingestellt war. Daß er aber den Hintergedanken gehabt habe, diese Flotte, wenn sie stark genug geworden sei, als ein Angriffsinstrument gegen England zu benutzen, dafür fehlt jeder Anhaltspunkt und es ist auch außerordentlich unwahrscheinlich. Es ließ sich ja voraussehen, daß England im Interesse seiner Überlegenheit zur See seine Flotte stets so stark vergrößern werde, daß an einen Angriffskrieg zur See mit Aussicht auf Erfolg nicht zu denken sein würde. Es wäre vielleicht politisch klüger gewesen, den englischen Wünschen auf diesem Gebiete mehr Entgegenkommen zu zeigen, und es wäre höchstwahrscheinlich auch ohne eine Gefährdung der deutschen Interessen möglich gewesen. Aber auf keinen Fall kann aus der Zurückhaltung Deutschlands in dieser Frage ein Schluß auf kriegerische Hintergedanken gezogen werden.

Ebenso wenig stichhaltig ist der Vorwurf, daß Deutschland durch seine Politik in der Türkei und den Ausbau der Bagdadbahn in die Interessensphären Rußlands und Englands eingegriffen und durch sein Streben nach der Beherrschung Kleinasiens die Gegenwehr der übrigen dort interessierten Mächte herausgefordert habe. Deutschland hatte ohne jeden Zweifel ebenso gut wie jeder andere Staat das Recht, sich an der wirtschaftlichen Erschließung von Gebieten zu beteiligen, die nicht unter der Staatshoheit einer der anderen Großmächte standen. Als sich aus der wirtschaftlichen Tätigkeit Deutschlands in der Türkei allmählich auch engere politische Beziehungen zwischen den Regierungen beider Länder zu entwickeln begannen, da hatte Deutschland auch nicht den geringsten Grund, eine solche Verbindung abzulehnen, weil sie etwa dieser oder jener anderen Macht mißfallen könnte. Zweifellos hat man in Berlin wenigstens zeitweise die Bedeutung dieser Beziehungen zu der Pforte überschätzt und ist in der Wahl der Mittel zur Pflege dieser Beziehungen nicht immer vorsichtig genug gewesen. An eigene Erwerbungen auf kleinasiatischem Gebiete hat man nur für den Fall gedacht, daß der Zerfall der Türkei weiter fortschreite und eine allgemeine Aufteilung ihrer asiatischen Gebiete nicht zu verhindern sei. Man wollte sich in einem solchen Falle nicht völlig beiseite drängen lassen, wünschte aber durchaus nicht, daß es dazu kommen möge, sondern zog die Erhaltung der Türkei jeder anderen Möglichkeit vor. Jedenfalls lag in dem ganzen Vorgehen Deutschlands im nahen Orient nichts, was andere Mächte zu gewaltsamer Abwehr hätte nötigen müssen. Die Verständigung, die im Jahre 1914 zwischen Deutschland und England über den weiteren Ausbau der Bagdadbahn zustande kam und deren Inkrafttreten nur durch den Ausbruch des Weltkrieges verhindert wurde, bietet den besten Beweis dafür, daß ein friedlicher Ausgleich der Interessen auch auf diesem Gebiete möglich war.

Etwas schwerwiegender sind die Vorwürfe, die man der deutschen Politik wegen ihres Vorgehens in der Marokkofrage machen kann. Es waren weniger die keineswegs sehr bedeutenden wirtschaftlichen Interessen Deutschlands in Marokko, die Herrn von Holstein, den eigentlichen Urheber dieser Politik, dazu bestimmten, den französischen Absichten auf dieses Land entgegenzutreten, sondern es war in erster Linie der Wunsch, Deutschlands Prestige in der Welt zu wahren und dafür, daß man eine Machtvergrößerung Frankreichs zuließ, eine Kompensation zu erhalten. Man hatte keineswegs die Absicht, es zu einer kriegerischen Auseinandersetzung mit Frankreich dieser Sache wegen kommen zu lassen; aber indem man doch einen starken politischen Druck auf die Franzosen auszuüben suchte, rief man neben dem Widerstande Frankreichs auch die Gegnerschaft Englands hervor, das gerade in dieser Frage vertraglich zur Unterstützung Frankreichs verpflichtet war. Die während der ersten Marokkokrise in Paris gegebene Zusicherung Englands, daß man Frankreich helfen werde, falls es aus diesem Anlaß zum Kriege mit Deutschland kommmen sollte, hat zur Festigung der Entente ganz außerordentlich beigetragen. Als Deutschland dann die von Frankreich angebotene Sonderverständigung ablehnte und auf der internationalen Konferenz von Algeciras bestand, holte es sich hier eine mühsam verhüllte Niederlage, da es Frankreichs Vorzugsstellung in Marokko unter recht unwirksamen Klauseln anerkennen mußte. Durch diesen Erfolg wurde das französische Selbstbewußtsein mächtig gehoben, der Revanchegedanke neu belebt und die Möglichkeit seiner Verwirklichung in absehbare Nähe gerückt. Diese ganze Politik ist gegen den Wunsch des Kaisers von Holstein und Bülow gemacht worden und wurde später, ebenfalls unter lebhaftem Widerstreben des Kaisers, von Herrn von Kiderlen-Wächter, dem alten Freunde und Verbündeten Holsteins, als dieser Staatssekretär des Auswärtigen geworden war, wieder aufgenommen. Durch die Sendung des Panther nach Agadir im Jahre 1911 wollte er die Franzosen zwingen, ein erhebliches Kompensationsangebot zu machen. Nach seiner eigenen Aussage war es seine ernstliche Absicht, die Abtretung der ganzen französischen Kongo-Kolonie zu fordern, und wenn dieser Preis nicht bezahlt werde, es auf einen Krieg ankommen zu lassen. Dies ist der einzige mir bekannte Fall, wo ein leitender deutscher Staatsmann in der Zeit vor dem Kriege den Gedanken eines von deutscher Seite heraufzuführenden Krieges ernstlich ins Auge gefaßt hat. Es bedarf keiner Ausführung, daß es ein bodenloser Leichtsinn gewesen wäre, Deutschlands Volkskraft und Existenz für die Eroberung des französischen Kongo aufs Spiel zu setzen, und dies Bekenntnis Kiderlens sollte denjenigen zu denken geben, die in ihm noch immer den einzigen wirklichen Staatsmann der nachbismarckischen Zeit sehen und es bedauern, daß er nicht früher die Leitung unserer Politik in die Hände bekommen hat. Die Politik Kiderlens ist aber auch damals nicht die des Deutschen Reiches gewesen. Weder der Kaiser noch Bethmann-Hollweg waren für ein derartiges kriegerisches Abenteuer zu gewinnen, und Kiderlen mußte sich bekanntlich mit der Erwerbung eines kleinen Teils der erstrebten Kolonie begnügen. Aber schon, daß er um dieses Erfolges willen die Welt in Aufregung versetzte und überall die Vorstellung erweckte, daß Deutschland vor keinem Mittel zurückschrecke, um eine Vergrößerung seines Kolonialreiches auf Kosten anderer zu erreichen, hatte für uns die unangenehmsten Folgen: eine weitere Festigung der englisch-französischen Beziehungen, ein neues Aufflammen des Revanchegeistes und eine starke Machtsteigerung der Kriegspartei in Frankreich. Da aber Deutschland auf seinen anfänglichen Forderungen nicht bestanden, sondern ein Kompromiß mit Frankreich geschlossen hat, das diese Frage als völlig gelöst erscheinen ließ, so bildet diese Episode kein Glied in der Kette der Vorgänge, die zum Weltkrieg geführt haben.

Endlich noch ein paar Worte über den Vorwurf, Deutschland habe die Feindschaft Rußlands dadurch heraufbeschworen, daß es sich den Absichten des Zarenreiches auf die Beherrschung Konstantinopels und der Dardanellen entgegengestellt habe, obwohl seine eigenen Interessen eine solche Haltung nicht erfordert hätten. In Wahrheit hat Deutschland sich einer solchen Absicht Rußlands niemals in den Weg gestellt. Auch als der Rückversicherungsvertrag, der uns ja Rußland gegenüber in dieser Beziehung fest verpflichtet hatte, nicht mehr erneuert wurde, blieb in Berlin die Auffassung maßgebend, daß es unsere Interessen nicht berühre, wenn Rußland sich in Konstantinopel festsetze und daß auch Österreich-Ungarn von einer unrichtigen Beurteilung der Dinge ausgehe, wenn es eine solche Eventualität verhindern zu müssen glaube. Dies ist den Russen auch immer wieder gesagt worden, und diese waren von einem durchaus unberechtigten Mißtrauen beseelt, wenn sie es nicht glauben wollten. Sie sahen namentlich in der Sendung des Generals Liman von Sanders im Herbst 1913 völlig mit Unrecht ein Zeichen dafür, daß Deutschland selbst nach einer militärischen Beherrschung der Meerengen strebe. Das wahre Hindernis für die russischen Pläne oder vielmehr Wünsche — denn eine ganz feste Gestalt hatten die Gedanken noch keineswegs angenommen — war das Widerstreben Englands, wie schon Iswolski während seines Aufenthaltes in London im Jahre 1908 deutlich zu spüren bekam. Aber es gelang der russischen Kriegspartei immer wieder, dem Zaren und dem russischen Volke die Meinung beizubringen, als sei es doch Deutschland, das hier den russischen Plänen im Wege stehe.

Aber für die deutsch-russischen Beziehungen war die Meerengenfrage in Wahrheit gar nicht entscheidend, sondern vielmehr die Existenz und Tragweite des deutsch-österreichischen Bündnisses. Man sah in Petersburg nun einmal in dem Kaiserstaat an der Donau das schwerste Hindernis für die Verwirklichung der panslawistischen Ideen und für die Ausdehnung des russischen Einflusses über die ganze Balkanhalbinsel. Und man wußte, daß man Österreich nicht beseitigen oder wesentlich schwächen könne, ohne mit Deutschland in Konflikt zu geraten. Denn es war allerdings eine der Richtlinien der deutschen Politik seit den Zeiten Bismarcks geblieben, daß die Erhaltung der Donau-Monarchie für Deutschland so wichtig sei, daß um dieses Zieles willen auch ein schwerer Krieg nicht gescheut werden dürfe. Aber das Bündnis verpflichtete uns nur zum Schutz des österreichischen Besitzstandes, nicht zur Unterstützung etwaiger Vergrößerungsabsichten Österreichs, etwa in der Richtung nach Serbien hin. Es verfolgte von Anfang an nicht nur dem Buchstaben, sondern auch dem Geiste nach rein defensive Zwecke.

Eine andere Frage aber ist es, ob die Staatsmänner der nachbismarckischen Zeit sorgsam genug darüber gewacht haben, daß dieser Bestimmung, die den Österreichern allmählich unbequem zu werden begann, nicht eine andere Auslegung gegeben werde. Seit der Entstehung der Entente war Österreich-Ungarn der einzige sichere Verbündete Deutschlands. Schon unter Bülow wurde es zu einem Axiom der deutschen Politik, daß alles geschehen müsse, um diesen letzten Bundesgenossen festzuhalten, damit man nicht eines Tages isoliert einer feindlichen Mächtekombination gegenüberstehe. In Wien nutzte man diese Stimmung der deutschen Staatsmänner aus, um deren Unterstützung für die Verteidigung der österreichischen Interessen auf der Balkanhalbinsel, also außerhalb des durch den Bündnisvertrag gedeckten Gebietes, zu erlangen. So kam es, daß die Leitung des Dreibundes in den letzten Jahren vor dem Kriege immer mehr nach Wien hinüberglitt, ohne daß man sich in Berlin dieser Tatsache und ihrer möglichen schwerwiegenden Folgen klar bewußt wurde. Schon Bülow war geneigt, es als selbstverständlich zu betrachten, daß Deutschland für die Interessen Österreichs, so wie sie in Wien verstanden wurden, ohne weiteres eintreten müsse; und auch Bethmann-Hollweg ließ sich, obwohl er die Gefahren einer solchen unbedingten Bindung an die Politik der Hofburg nicht verkannte, doch immer wieder in diese Richtung hineindrängen. Diese Schwäche gegenüber Österreich hat namentlich in den Tagen der **letzten Krise nach dem Morde von Serajewo** eine verhängnisvolle Rolle gespielt.

Wir kennen bereits die Lage im Sommer des Jahres 1914. Die Leiter der französischen Regierung lagen im Einverständnis mit der russischen Kriegspartei wachsam auf der Lauer, um jeden Fehler oder jede Unvorsichtigkeit der Gegner für ihre Pläne auszunutzen. Mit Rücksicht auf England und den friedlich gesinnten Teil der eigenen Bevölkerung mußten sie darauf bedacht sein, einen der gegnerischen Staaten vor der

Öffentlichkeit als Angreifer erscheinen zu lassen. In Deutschland beobachtete man mit tiefster Besorgnis diese Machinationen und war entschlossen, einen solchen Vorwand nicht zu bieten. In Wien aber war man tief verstimmt über die Entwickelung der Dinge auf der Balkanhalbinsel in den letzten Jahren, schwer besorgt über die Verschärfung der Gegensätze im eigenen Lande und ohne klare Ziele für die Lösung der südslavischen Fragen. Von jedem weiteren. Zurückweichen vor den serbischen Vergrößerungsplänen fürchtete man einen Verlust an Prestige und eine Erschütterung der eigenen Autorität gegenüber den separatistischen Strömungen innerhalb des Donaustaates.

Als nun der Thronfolger in Serajewo ermordet wurde, sah sich die österreichische Regierung vor schwerwiegende Entschlüsse gestellt. Sie hatte starke Gründe zu der Annahme, daß die Tat von Serbien aus unterstützt, wenn nicht gar angestiftet worden sei, und sah in ihr nur ein Glied der immer kühner werdenden großserbischen Propaganda auch auf dem eigenen Gebiet des Kaiserstaates; sie glaubte andererseits der Sympathie aller Regierungen sicher zu sein, wenn sie die Bestrafung der Fürstenmörder verlangte. Daher beschloß sie, eine gründliche Abrechnung mit Serbien zu halten. Die Bedingungen, die man den Serben stellte, waren auf Ablehnung berechnet, und der Entschluß zum kriegerischen Vorgehen stand von Anfang an fest. Man hoffte, daß die deutsche Rückendeckung genügen werde, um Rußland wie in der Zeit der bosnischen Krise von 1908 vom Eingreifen zugunsten Serbiens abzuhalten, aber man war entschlossen, selbst für den Fall, daß Rußland sich einmische, nicht zurückzuweichen, da man nur durch exemplarische Züchtigung und vielleicht Verkleinerung Serbiens die Ruhe an der Südgrenze glaubte sichern zu können.

Deutschland stand vor der schwierigen Frage, ob es diese Rückendeckung auf die Gefahr eines Weltkrieges hin gewähren wolle. Verpflichtet war es nicht dazu; aber man mußte wieder fürchten, den einzigen sicheren Bundesgenossen zu verlieren, wenn man ihn in diesem Augenblicke im Stich lasse. Die große Unvorsichtigkeit, die man in Berlin beging, bestand darin, daß man den Österreichern seine Unterstützung zusagte, ohne sich darüber zu vergewissern, welche Ziele sie verfolgten und welche Mittel sie zu ihrer Erreichung anzuwenden gedachten. Wenn man von vornherein darauf bestanden hätte, den Wortlaut der österreichischen Note vor ihrer Absendung zu kennen, und über die Beantwortung der serbischen Erwiderung, wie sie auch ausfallen möge, gehört zu werden, so hätte man die Möglichkeit gehabt, von vornherein zurückhaltend zu wirken und den Weg zu einer friedlichen Lösung offen zu halten. Freilich scheint man auch in Berlin die Entschlossenheit Rußlands, bei einem bewaffneten Vorgehen Österreichs gegen die Serben einzugreifen, unterschätzt zu haben. Erst das schroffe Verhalten Österreichs nach dem Eingang der serbischen Antwort und die übereilte Kriegserklärung an Serbien zeigten den Berliner Diplomaten, welche Unterlassung sie begangen hatten; aber ihre krampfhaften Versuche, Österreich jetzt zum Verhandeln mit Rußland und zur Ermäßigung einzelner Forderungen zu bringen, kamen zu spät. Rußland und Frankreich waren inzwischen darüber einig geworden, daß jetzt die Situation, die sie lange herbeiwünschten, eingetreten sei; jetzt konnte ja Österreich als der Angreifer des zu weitgehender Nachgiebigkeit bereiten Serbien hingestellt werden; sie beschlossen, den Gegnern nicht die Zeit zur Wiedergutmachung des begangenen Fehlers zu lassen, und der Zar wurde, wenn auch widerstrebend, zur Unterzeichnung der Gesamtmobilmachung der russischen Armee bestimmt, die naturgemäß die Mobilmachung Deutschlands nach sich ziehen mußte und den Krieg unvermeidlich gemacht hat.

Es ist bekannt, daß die deutsche Diplomatie es nicht verstanden hat, die formelle Kriegserklärung dem Gegner zuzuschieben, sondern, gedrängt von dem Generalstab, der kostbare Zeit zu verlieren fürchtete, wenn der Krieg doch unvermeidlich sei, selbst die Kriegserklärung an Rußland und Frankreich vollzogen und sich damit formell die Rolle des Angreifers aufgeladen hat. England war von Anfang an entschlossen, mit seinen Verbündeten zu gehen, falls der Ausbruch des Krieges nicht zu verhindern sei; die Regierung benutzte den Einmarsch der Deutschen in das neutrale Belgien, um die Stimmung der Bevölkerung für den Krieg zu gewinnen. Man kann darüber streiten, ob der vom Grafen Schlieffen herrührende Plan des Durchmarsches durch Belgien notwendig und klug war; sicher ist jedenfalls, daß die diplomatische Einleitung dieses seit langer Zeit geplanten Schrittes höchst mangelhaft vorbereitet war. Die Ausführung dieses Planes hatte zur Voraussetzung, daß Frankreich sofort in den Krieg eintrete, sobald dieser im Osten ausbreche. Wenn Frankreich auch nur einige Tage oder Wochen zögerte, uns den Krieg zu erklären, war der ganze Plan über den Haufen geworfen. Dies hatte man offenbar vorher niemals klar überlegt; daher das hastige und unsichere Umhersuchen nach einem Mittel, das Frankreich zum sofortigen Eintreten in den Krieg nötigen sollte, und die schlecht motivierte Kriegserklärung, als Frankreich eine hinhaltende Antwort gab. Auf der gegnerischen Seite aber kannte man diesen Plan längst genau und hatte ihn bereits in seine Berechnungen eingestellt. Poincaré wußte, daß Deutschland den Krieg erklären mußte, wenn er es nicht tat, und konnte der Welt die Komödie vorspielen, die französischen Truppen mehrere Meilen von der Grenze zurückzuziehen, um Frankreichs friedliche Absichten zu zeigen. Die Verletzung der belgischen Neutralität, die man erwartete, sollte dazu ausgenutzt werden, um der ganzen Welt die Treulosigkeit und Eroberungslust Deutschlands in den schwärzesten Farben zu schildern.

Man sagt nicht zuviel, wenn man behauptet, daß Österreich durch sein Vorgehen gegen Serbien in die Falle gegangen ist, die Poincaré und Iswolski ihm seit

Jahren gelegt hatten, daß die deutsche Regierung aber nicht weitblickend und energisch genug gewesen ist, um den Bundesgenossen, als es noch Zeit dazu war, zurückzuhalten.

* * *

Ich fasse die Ergebnisse dieser Betrachtungen noch einmal kurz zusammen. Wenn auch die Ursachen des Weltkrieges weit in die Vergangenheit zurückreichen, so sind doch alle die Momente, die zur Entstehung der schwierigen und gespannten Lage geführt haben, nicht von derartiger Stärke gewesen, daß sie unmittelbar und in jedem Falle den Ausbruch eines solchen Kampfes hätten zur Folge haben müssen. Es bedurfte nicht nur des Vorhandenseins, sondern auch der machtvollen Wirksamkeit solcher Elemente, die den Krieg wollten, um ihn zum Ausbruch zu bringen. Diese Elemente waren in genügender Stärke aber nur in Frankreich und Rußland vorhanden, denjenigen beiden Ländern, die durch den Krieg etwas zu gewinnen hoffen konnten: Frankreich Elsaß-Lothringen und die Zertrümmerung der deutschen Machtstellung, Rußland die Suprematie auf der Balkanhalbinsel, die Herrschaft über die Meerengen und die Zertrümmerung der Donaumonarchie, deren slawische Bestandteile es in seinen Machtkreis ziehen wollte. Diese Elemente und diese Bestrebungen sind es gewesen, die schließlich die gefahrdrohende Möglichkeit eines Weltkrieges, die schon lange über der Welt schwebte, zur Wirklichkeit gemacht haben. Sie haben es aber nur vermocht, weil ihnen das von der Angst vor dem Zusammenbruch der eigenen Machtstellung und vielleicht des eigenen Staates diktierte Vorgehen Österreich-Ungarns die Möglichkeit bot, die Mittelmächte der friedliebenden Bevölkerung der eigenen Länder und der übrigen Welt als die Friedensstörer und Angreifer hinzustellen.

Ich glaube nicht, daß die Publikation weiteren Quellenmaterials oder die weitere Durchforschung des vorhandenen an dieser Verteilung der Verantwortlichkeiten etwas Erhebliches ändern wird. Der wichtigste Punkt, der zweifelhaft ist, und nur durch Veröffentlichungen von englischer Seite aufgeklärt werden kann, ist die Haltung der britischen Regierung in den kritischen Tagen. Wünschte sie bis zuletzt den Zusammenstoß zu verhindern und wurde sie nur durch das Losschlagen ihrer Verbündeten zum Mitgehen genötigt, wenn sie die Entente nicht zerbrechen lassen wollte, oder hat sie diesen ihren Verbündeten doch schon vorher heimlich den Rücken gestärkt oder wenigstens ihre Absichten durchschaut und es dennoch unterlassen, sie zurückzuhalten, solange es noch möglich schien? Im letzteren Falle könnte man wieder fragen, ob die Londoner Regierung dies unterlassen habe, weil sie letzten Endes doch den Krieg wünschte, oder weil sie die Situation nicht als so gefährlich ansah, wie sie wirklich war. Dann hätte sie ihren Bundesgenossen gegenüber die gleiche Unvorsichtigkeit begangen wie Deutschland gegenüber Österreich-Ungarn.

Außerdem kann es zweifelhaft erscheinen, seit welchem Zeitpunkte der russische Minister Sassonow, der anfangs offenbar einer friedlichen Politik zuneigte, dann aber die letzten schwerwiegenden Entschlüsse des Zaren maßgebend im kriegerischen Sinne beeinflußt hat, für die Richtung Iswolskis und der Großfürstenpartei gewonnen war. Hierüber werden die russischen Archive vielleicht auch keine sichere Auskunft geben, eher noch die zu erwartende Publikation weiterer Memoirenwerke.

Damit die historische Forschung über alle diese Fragen eingehend diskutieren und ihre endgültige Lösung vorbereiten kann, ist jedenfalls eine Öffnung aller Archive der am Kriege beteiligten Staaten notwendig. Deutschland und Österreich sind damit vorangegangen; auch aus den russischen Archiven ist bereits sehr viel wichtiges Material veröffentlicht worden[1]; England scheint jetzt auf diesem Wege nachfolgen zu wollen; Frankreich wird sich naturgemäß am längsten sträuben. Aber auch die Öffnung der Archive wird allein noch nicht ausreichen, um der während des Krieges mit den skrupellosesten Mitteln gegen Deutschland aufgehetzten öffentlichen Meinung der feindlichen Staaten und der neutralen Welt eine andere Richtung zu geben. Wenn deutsche Forscher zu diesen Fragen das Wort ergreifen, mögen sie es auch mit dem größten Streben nach ruhiger und sachlicher Beurteilung tun, so wird das

---

[1] Die meisten dieser Dokumente sind jetzt in deutscher Übersetzung vereinigt in der vom Deutschen Auswärtigen Amt herausgegebenen Publikation: „Der diplomatische Schriftwechsel Iswolskis 1911—1914".

Publikum des Auslandes ihnen doch stets mißtrauen und der Überzeugung sein, daß sie bewußt oder unbewußt die Dinge doch im Lichte der deutschen Interessen darzustellen suchen. Daher ist die Einsetzung einer Kommission von unparteiischen Sachverständigen notwendig, d. h. von Gelehrten aus jenen Ländern, die am Kriege nicht beteiligt waren, und zwar von Männern, deren Namen für ihre Fähigkeit zu gründlicher und kritischer historischer Arbeit bürgen. Wenn diese Kommission das Recht erhält, alle Archive uneingeschränkt zu benutzen, werden ihre Ergebnisse den Anspruch erheben können, in aller Welt beachtet zu werden und vielleicht auch Aussicht haben, einen Einfluß auf die öffentliche Meinung zu beiden Seiten des Ozeans zu gewinnen. Es wird dann durchaus nicht mehr fünfzig Jahre zu dauern brauchen, wie Herriot in Genf gemeint hat, bis die historische Wahrheit über die Ursachen des Weltkrieges ans Licht kommt, und die zu Propagandazwecken verbreitete Legende, als habe Deutschland diesen Krieg aus Machthunger und Eroberungslust heraufbeschworen, endgültig zerstört wird.

Denn Deutschland hat die historische Aufhellung der Vorgeschichte des Weltkrieges nicht zu fürchten. Daß hier keiner der verantwortlichen Männer den Krieg gewollt hat, wird immer deutlicher werden, je vollständiger die urkundlichen Zeugnisse bekannt werden. Daß in Berlin Unvorsichtigkeiten und Unklugheiten begangen worden sind, daß es an einer planvollen und einheitlichen Leitung der deutschen Politik gefehlt hat, läßt sich nicht leugnen. Aber auch andere Regierungen haben Fehler gemacht und bei gegenseitigem guten Willen hätten sie durchaus nicht zu diesem furchtbaren Zusammenstoß zu führen brauchen. Sie wirkten nur deshalb so verhängnisvoll, weil bei den leitenden Männern Frankreichs und Rußlands der Wille zum Kriege vorhanden war und jeder unvorsichtige Schritt der Mittelmächte benutzt wurde, um die Dinge der kriegerischen Lösung näher zu führen. Daher wird die Hauptverantwortlichkeit immer auf den Kreisen um Poincaré und Iswolski lasten bleiben, die um einer Machtvergrößerung ihrer Staaten willen den Weltfrieden aufs Spiel zu setzen bereit waren.

www.ingramcontent.com/pod-product-compliance
Lightning Source LLC
Chambersburg PA
CBHW030124240426
43673CB00041B/1387